道理学理哲理·党的创新理论研究阐释丛书

董振华　主编

人民至上

刘　儒　著

目 录

总序 活学活用习近平新时代中国特色社会主义思想
　　　活的灵魂 / i

第一章 人民至上体现了马克思主义的基本立场 / 1
一、历史活动是群众的事业，人民群众创造历史 / 2
二、人民性是马克思主义的本质属性 / 9
三、无产阶级运动是为绝大多数人谋利益的
　　运动 / 17
四、促进共同富裕与人的全面发展 / 26

第二章 人民至上蕴含了中华优秀传统文化的民本
　　　　思想 / 32
一、中华传统民本思想的内涵意蕴 / 33
二、推动中华传统民本思想的创造性转化与创新性
　　发展 / 37
三、实现马克思主义基本原理同中华优秀传统文化

i

相结合 / 43

四、将中华传统民本思想融入人民至上实践 / 49

第三章 坚持人民至上是中国共产党百年奋斗的历史经验 / 56

一、新民主主义革命时期的为人民服务基本方针 / 57

二、社会主义革命和建设时期的人民主体思想 / 65

三、改革开放和社会主义现代化建设新时期的以人为本思想 / 70

四、中国特色社会主义新时代的以人民为中心思想 / 75

第四章 始终坚持全心全意为人民服务的根本宗旨 / 85

一、中国共产党始终代表最广大人民根本利益 / 86

二、坚持为人民执政、靠人民执政 / 92

三、群众路线是我们党的生命线和根本工作路线 / 98

四、中国共产党根基在人民、血脉在人民、力量在人民 / 103

第五章 江山就是人民　人民就是江山 / 113

一、人民拥护和支持是党执政的最大根基 / 114

二、始终把人民放在心中最高位置 / 121

三、永远与人民同呼吸、共命运、心连心 / 129

目 录

第六章　人民对美好生活的向往就是我们的奋斗目标 / 136

一、实现好、维护好、发展好最广大人民根本利益 / 137

二、紧紧围绕社会主要矛盾推进各项工作 / 142

三、让中国式现代化建设成果更多更公平惠及全体人民 / 152

四、靠辛勤劳动创造人世间幸福 / 160

第七章　始终坚持以人民为中心的发展思想 / 168

一、人民是我们党执政的最大底气 / 169

二、人民是推动发展的根本力量 / 172

三、紧紧依靠人民、不断造福人民、牢牢植根人民 / 177

四、发展为了人民、发展依靠人民、发展成果由人民共享 / 180

第八章　坚定不移走全体人民共同富裕道路 / 185

一、共同富裕是社会主义的本质要求 / 186

二、坚持完善社会主义基本经济制度 / 193

三、构建新发展格局推动经济社会高质量发展 / 198

四、贯彻新发展理念推进民生保障精准化精细化 / 206

第九章　不断把为人民造福事业推向前进 / 213

一、发展全过程人民民主，保障人民当家作主 / 214

二、增强文化自信自强，铸就社会主义文化新辉煌 / 221

三、增进民生福祉，提高人民生活品质 / 230

四、推动绿色发展，促进人与自然和谐共生 / 238

五、促进世界和平与发展，推动构建人类命运共同体 / 244

第十章 紧紧依靠人民创造历史伟业 / 249

一、站稳人民立场 / 250

二、把握人民愿望 / 253

三、尊重人民创造 / 256

四、集中人民智慧 / 259

五、不负时代、不负人民 / 262

后 记 / 269

总 序
活学活用习近平新时代
中国特色社会主义思想活的灵魂

党的二十大报告指出："马克思主义是我们立党立国、兴党兴国的根本指导思想。实践告诉我们，中国共产党为什么能，中国特色社会主义为什么好，归根到底是马克思主义行，是中国化时代化的马克思主义行。拥有马克思主义科学理论指导是我们党坚定信仰信念、把握历史主动的根本所在。"习近平新时代中国特色社会主义思想是当代中国马克思主义、21世纪马克思主义，是中华文化和中国精神的时代精华，实现了马克思主义中国化新的飞跃。用习近平新时代中国特色社会主义思想武装头脑、指导实践、推动工作，是做好一切工作的重要前提。学懂弄通做实习近平新时代中国特色社会主义思想，至关重要的是要系统掌握贯穿于这一科学理论中的世界观和方法论，用以指导解决改造客观世界和主观世界的实际问题，不断推进和拓展中国式现代化。

一、坚持格物致知，不仅要知其然，更要知其所以然

真学、真懂、真信、真用习近平新时代中国特色社会主义思想，不仅要知其然，更要知其所以然。这个"所以然"，最主要的就是习近平新时代中国特色社会主义思想所蕴含的马克思主义基本立场观点方法。如果不能够完整、系统、深刻地把握习近平新时代中国特色社会主义思想所蕴含的马克思主义立场观点方法，那么，我们就不能真正领悟21世纪马克思主义的精髓要义，也就不能够活学活用习近平新时代中国特色社会主义思想，并以此指导实践和推动工作。

作为当代中国马克思主义、21世纪马克思主义，习近平新时代中国特色社会主义思想既坚守了马克思主义的基本立场观点方法，与马克思列宁主义、毛泽东思想、邓小平理论、"三个代表"重要思想、科学发展观一脉相承，又坚持和运用马克思主义的立场观点方法观察时代、分析问题和解决问题，提出一系列治国理政新理念新思想新战略，实现了马克思主义中国化时代化新的飞跃。深入理解和把握习近平新时代中

国特色社会主义思想，不能浅尝辄止，必须坚持格物致知，做到知其然更知其所以然，既要搞清楚其一脉相承的"脉"，也要搞清楚其与时俱进的"进"。唯有如此，我们才可以从根本上把握好推进马克思主义中国化时代化的守正创新之道。马克思主义是非常朴实的道理，其核心价值追求就是人类解放，其基本内在逻辑就是唯物辩证法，其首要基本观点就是实践观点，三者共同统一于共产党人造福人民的伟大革命实践中。

马克思主义一脉相承的"脉"，是马克思主义唯物辩证法的逻辑和追求人类解放的价值在具体历史实践中的统一，是马克思主义具体历史形态和民族形态"万变不离其宗"的"道理"，也就是马克思主义的基本立场观点方法。与时俱进的"进"是针对具体时代课题，坚持马克思主义的基本立场观点方法，创造性地分析和解决具体问题得出的具体结论。这些具体结论虽然具有一定的历史性、民族性、条件性等具体适用性，但是其中的基本价值、内在逻辑和理论品格是一以贯之的，万变而不离其宗。如果离开这个"道理"，就是离经叛道，无论是打着创新或者发展的名义还是其他什么口号，实际上都是背离、背叛或者歪曲了马克思主义。

马克思主义从来都不是抽象的理论，而是具体的、鲜活的和发展的理论。习近平新时代中国特色社会主义思想，作为马克思主义中国化的最新成果、当代中国马克思主义、21世纪马克思主义，遵循马克思主义人类解放的核心价值、唯物辩证法的基本逻辑、直面问题的实践观点，坚持人民至上的根本立场，坚持守正创新的与时俱进，坚持自信自立的独立自主，坚持问题导向的实践观点，坚持系统观念的思想方法，坚持胸怀天下的人类情怀，把辩证唯物论、唯物辩证法和人民价值论统一到中国特色社会主义伟大实践之中，立足于中国特色社会主义进入新时代的历史方位，基于我国社会主要矛盾变化所带来的一系列新的时代课题，具体问题具体分析，创造性地解决实际问题，旨在实现社会主义现代化和中华民族伟大复兴的中国梦，在改革发展稳定、内政外交国防、治党治国治军等方方面面提出一系列新的思路、新的战略、新的举措，形成了完整系统的科学理论体系，开辟了马克思主义的新境界。

二、坚持得意忘言，不仅要知其言，更要知其义

世界观和方法论是统一的，有什么样的世界观，

就有什么样的方法论。正如毛泽东同志所指出的,"世界本来是发展的物质世界,这是世界观;拿了这样的世界观转过来去看世界,去研究世界上的问题,去指导革命,去做工作,去从事生产,去指挥作战,去议论人家长短,这就是方法论,此外并没有别的什么单独的方法论"。把马克思主义的世界观用于认识和改造世界,就是马克思主义的方法论。习近平新时代中国特色社会主义思想,坚持马克思主义立场观点方法和科学社会主义基本原理,把马克思主义基本原理与中国具体实际相结合、与中华优秀传统文化相结合,坚持人民至上、自信自立、守正创新、问题导向、系统观念、胸怀天下,全面系统回答了新时代坚持和发展中国特色社会主义的一系列重大理论和实践问题,为马克思主义中国化时代化作出了原创性贡献,为我们党和人民认识世界、改造世界提供了强大思想武器,是坚持和运用辩证唯物主义和历史唯物主义的光辉典范。《庄子·外物》有言:"言者所以在意,得意而忘言。"把握好习近平新时代中国特色社会主义思想的世界观和方法论,必须坚持得意忘言,不仅要知其言,更要知其义。

把握好习近平新时代中国特色社会主义思想的世界观和方法论,就要牢牢把握贯穿其中的根本价值立场。人类解放是马克思主义的核心价值追求,人民立场是中国共产党的根本政治立场。人民性是马克思主义的本质属性,作为马克思主义执政党,我们的理论和实践都必须要扎根人民、为了人民、造福人民。坚持人民至上,是习近平新时代中国特色社会主义思想的价值原点,充分体现了马克思主义的核心价值追求,包含了对中国特色社会主义价值取向、发展动力的科学回答和阐述,是对马克思主义唯物史观的创造性运用。坚持自信自立,就要一切为了人民、一切依靠人民,既不走封闭僵化的老路,也不走改旗易帜的邪路,坚定不移走共同富裕的中国式现代化之路。坚持守正创新,就要站稳人民立场、把握人民愿望、尊重人民创造、集中人民智慧,形成为人民所喜爱、所认同、所拥护的理论。坚持问题导向,就要着力解决发展不平衡不充分问题和人民群众急难愁盼问题,推动人的全面发展、全体人民共同富裕取得更为明显的实质性进展。坚持系统观念,就要将广大人民群众的根本利益、全局利益、长远利益作为着力点,以满足人民日益增长的美好生活需要为根本目的进行战略谋划和系统推进。坚持胸怀天下,就不仅要为中国人民谋幸福、为中华民族谋复兴,也要为人类谋进步、为世界谋大同,充分体现马克思主义解放人类的价值理想。

总　序

　　把握好习近平新时代中国特色社会主义思想的世界观和方法论，就要牢牢把握贯穿其中的唯物辩证法。唯物辩证法是我们观察世界、判断形势、认识问题的基本方法，也是习近平新时代中国特色社会主义思想所贯穿的根本方法论。习近平总书记指出："唯物辩证法认为，事物是普遍联系的，事物及事物各要素相互影响、相互制约，整个世界是相互联系的整体，也是相互作用的系统。坚持唯物辩证法，就要从客观事物的内在联系去把握事物，去认识问题、处理问题。"坚持人民至上，就要统筹兼顾全局和局部、当前和长远、重点和非重点等各个方面的利益关系，让发展的成果更加全面、更加公平、更加长久地惠及全体人民。坚持自信自立，就要坚持和运用马克思主义的立场观点方法独立自主地解决自己的问题，把国家和民族发展放在自己力量的基点上，充分体现马克思主义具体问题具体分析的活的灵魂。坚持守正创新，就要坚持守正和创新辩证统一，既要守马克思主义基本立场观点方法之"正"，又要创中国化时代化的马克思主义之"新"，既确保正确方向，又不封闭僵化。坚持问题导向，就要承认矛盾的普遍性、客观性，要善于把认识和化解矛盾作为打开工作局面的突破口。坚持系统观念，就要善于通过历史看现实、透过现象看本质，把握好全局和局部、当前和长远、宏观和微观、主要矛盾和次要矛盾、特殊和一般的关系，不断提高战略思维、历史思维、辩证思维、系统思维、创新思维、法治思维、底线思维能力，为前瞻性思考、全局性谋划、整体性推进党和国家各项事业提供科学思想方法。坚持胸怀天下，就必须统筹国内国际两个大局，既要为我国改革发展稳定争取良好外部条件，又要维护世界和平稳定、促进共同发展，共同创造人类的美好未来。

把握好习近平新时代中国特色社会主义思想的世界观和方法论，就要牢牢把握贯穿其中的实践观点。实践的观点、生活的观点是马克思主义首要的基本的观点，实践性是马克思主义理论区别于其他理论的显著特征。习近平新时代中国特色社会主义思想同样具有实践性、时代性、创造性的鲜明品格，是从新时代中国特色社会主义全部实践中产生的理论结晶，是推动新时代党和国家事业不断向前发展的科学指南。坚持人民至上，不是抽象的而是具体的、实践的，必须坚持全心全意为人民服务，始终致力于改善民生、增进人民福祉、为人民谋幸福，将实现最广大人民的根本利益作为党一切行动的出发点和落脚点。坚持自信自立，就要坚定中国特色社会主义道路自信、理论自信、制度自信、文化自信，在中国特色社会主义的伟大实践中不断提高我国社会生产力发展水平和人民生活水平，使我国社会主义制度的优越性不断显现和丰富起来，使中国特色社会主义道路越走越宽广。坚持守正创新，就要坚持对马克思主义的坚定信仰、对中国特色社会主义的坚定信念，以更加积极的历史担当和创造精神，为坚持、发展和运用马克思主义作出新的贡献。坚持问题导向，就要增强问题意识，聚焦实践遇到的新问题、改革发展稳定存在的深层次问题、人民群众急难愁盼问题、国际变局中的重大问题、党的建设面临的突出问题，不断提出真正解决问题的新理念新思路新办法。坚持系统观念，必须统筹兼顾、综合施策，既以目标为着眼点，又以问题为着力点，加强前瞻性思考、全局性谋划、战略性布局、整体性推进，统筹推进"五位一体"总体布局、协调推进"四个全面"战略布局，更好推动党和国家事业发展。坚持胸怀天下，就要始终坚持维护和平、促进共同发展的外交政策宗旨，以实际行动致力于推动构建人类命运共同体。

实践没有止境，理论创新也没有止境。我们要突破前人，后人也必然会突破我们，这是社会前进的必然规律。马克思主义是随着时代、实践、科学发展而不断发展的开放的理论体系,它并没有结束真理,而是开辟了通向真理的道路。中国特色社会主义还会往前走,还会有很多新的理论、新的发展,我们要把坚持马克思主义和发展马克思主义统一起来,结合新的实践不断作出新的理论创造。学习贯彻习近平新时代中国特色社会主义思想党的创新理论,就要深刻理解把握其世界观和方法论,坚持好、运用好贯穿其中的立场观点方法,深入领会坚持人民至上、坚持自信自立、坚持守正创新、坚持问题导向、坚持系统观念、坚持胸怀天下的道理学理哲理,做到知其言更知其义,切实把党的创新理论贯彻落实到党和国家工作各方面全过程。

三、坚持知行合一,不仅要知其道,更要行其道

"知而不行,只是未知。"理论武装归根到底是为了掌握科学方法,有效解决问题。我们坚持以马克思主义为指导,是要运用其科学的世界观和方法论解决中国的问题,而不是要背诵和重复其具体结论和词句,更不能把马克思主义当成一成不变的教条。毛泽东同志在《整顿党的作风》中指出:我们"不应当把马克

思主义的理论当成死的教条。对于马克思主义的理论，要能够精通它、应用它，精通的目的全在于应用"。坚持用中国化时代化的马克思主义武装头脑、指导实践、推动工作，落脚点在指导实践、推动工作；学懂弄通做实，落脚点在做实。我们要牢记空谈误国、实干兴邦的道理，坚持知行合一，不仅要知其道，更要行其道，坚持科学的世界观和方法论，系统推进和拓展中国式现代化。

处理好顶层设计和实践探索的关系。推进中国式现代化涉及政治、经济、社会、文化、生态等各个领域，事关改革、发展、稳定等根本问题，涵盖治党治国治军、内政外交国防等方方面面，各个方面的关系纷繁复杂，往往牵一发而动全身，因此必须进行顶层设计，深刻洞察世界发展大势，准确把握人民群众的共同愿望，深入探索经济社会发展规律，使制定的规划和政策体系体现时代性、把握规律性、富于创造性，做到远近结合、上下贯通、内容协调。推进中国式现代化是一个探索性事业，还有许多未知领域，需要我们在实践中大胆探索，通过改革创新来推动事业发展，决不能刻舟求剑、守株待兔。既要通过顶层设计进行系统谋划、战略布局和整体推进，又要调动一切积极因素从而群策群力、积极探索和创新实践，使顶层设计与基层探索良性互动、有机结合，形成历史合力。

处理好战略和策略的关系。战略问题是一个政党、一个国家的根本性问题。中国式现代化必须坚持正确的战略方向，在根本问题上决不能出现颠覆性错误。推进中国式现代化，要增强战略的前瞻性，准确把握事物发展的必然趋势，敏锐洞悉前进道路上可能出现的机遇和挑战，以科学的战略预见未来、引领未来。要增强战略的全局性，谋划战略目标、制定战略举措、作出战略部署，都要着眼于解决事关党和国家事业兴衰成败、牵一发而动全身的重大问题。我们要增强战略的稳定性，战略一经形成，就要长期坚持、一抓到底、善作善成，不要随意改变。中国式现代化是一项伟大的具体的历史实践，必须在策略问题上落到实处，决不能纸上谈兵。我们要把战略的坚定性和策略的灵活性结合起来，灵活机动、随机应变、临机决断，在因地制宜、因势而动、顺势而为中把握战略主动。

处理好守正和创新的关系。"守正"，即坚持马克思主义基本原理不动摇，坚持党的全面领导不动摇，坚持中国特色社会主义不动摇，守好中国式现代化的本和源、根和魂，毫不动摇坚持中国式现代化的中国特色、本质要求、重大原则，确保中国式现代化的正确方向。"创新"，即顺应时代发展要求，着眼于解决重大理论和实践问题,积极识变应变求变,大力推进改革创新,提出新的思路、新的战略、新的举措,不断塑造发展新动能新优势,充分激发全社会创造活力。中国式现代化是前无古人的伟大事业,守正才能不迷失方向、不犯颠覆性错误,创新才能把握时代、引领时代。

处理好效率和公平的关系。中国式现代化是全体人民共同富裕的现代化,这是由社会主义的根本价值追求所决定的。以中国式现代化全面推进中华民族伟大复兴,我们必须坚持以人民为中心的发展思想,维护人民根本利益,增进民生福祉,推动全体人民共同富裕取得更为明显的实质性进展。中国式现代化既要创造比资本主义更高的效率,又要更有效地维护社会公平,更好实现效率与公平相兼顾、相促进、相统一。我们要处理好效率与公平的关系,不断实现发展为了人民、发展依靠人民、发展成果由人民共享,让现代化建设成果更多更公平惠及全体人民。

处理好活力与秩序的关系。中国式现代化,应该既充满活力又拥有良好秩序,呈现出活力和秩序的有机统一。秩序代表着社会的有序、和谐与稳定,而活力则蕴含社会生活的丰富多样性,是社会各群体创造力的竞相迸发和个人潜力的充分发挥,体现了人类社会进步的动力与人类文明的可持续性。这是需要我们通过深化改革与社会公平的激励机制来实现的,从而最大限度地增加和谐因素,最大限度地减少不和谐因素,最大限度地激发社会活力。同时,我们要统筹发展和安全,贯彻总体国家安全观,健全国家安全体系,增强维护国家安全能力,坚定维护国家政权安全、制度安全、意识形态安全和重点领域安全,确保发展的稳定环境。

习近平新时代中国特色社会主义思想,蕴含着丰富的马克思主义哲学智慧。习近平新时代中国特色社会主义思想,坚持马克思主义立场观点方法和科学社会主义基本原理,把历史和现实、理论和实践、国内和国际相结合相贯通,思接千载、视通万里,洞察和分析世情、国情、党情的深刻变化,全面系统回答了新时代坚持和发展中国特色社会主义的一系列重大理论和实践问题,集中体现了这一思想在马克思主义基本原理与中国具体实际相结合上的又一次飞跃,为发展马克思主义作出了原创性贡献,为我们党和人民认识世界、改造世界提供了强大思想武器,是坚持和运用辩证唯物主义和历史唯物主义的光辉典范。党员、干部特别是领导干部要认真学习和真正掌握其中所蕴含的马克思主义立场观点方法,不断提高运用中国化时代化的马克思主义分析和解决实际问题的能力，自觉用习近平新时代中国特色社会主义思想武装头脑、统一思想，凝聚力量、推动实践，以中国式现代化实现中华民族伟大复兴，真正创造出属于我们这一代人的新的奇迹。

这是一个需要理论而且能够产生理论的时代，是一个呼唤创新而且能够创新的时代，是一个能够追求真理和实践真理的时代。中国特色社会主义是前无古人的伟大事业，坚持和发展中国特色社会主义是永无止境的伟大实践，不断开辟马克思主义中国化时代化新境界和中国特色社会主义事业新局面是中国共产党人的神圣使命。我们要以科学的态度对待科学、以真理的精神追求真理，继续推进实践基础上的理论创新，把握好习近平新时代中国特色社会主义思想的世界观和方法论，坚持好、运用好贯穿其中的立场观点方法，在伟大实践中充分彰显真理的力量。作为理论工作者，系统阐释习近平新时代中国特色社会主义思想活的灵魂和精髓要义，是我们义不容辞的责任和神圣使命担当。我们深深呼吸着伟大的时代气息，怀着强烈的使命感和责任感，约请理论界知名专家学者共同研究这一重大课题，以"道理学理哲理·党的创新理论研究阐释"为主题组织编写了这套丛书，以期通过全面深刻系统学习领悟二十大精神和活学活用习近平新时代中国特色社会主义思想的活的灵魂，为坚定理想信念、掌握科学方法、凝聚磅礴伟力、推进伟大事业，尽一份绵薄之力。

董振华

中央党校（国家行政学院）哲学教研部副主任、教授

第一章　人民至上体现了马克思主义的基本立场

马克思主义是人民的理论，第一次创立了人民实现自身解放的思想体系。马克思主义博大精深，归根到底就是一句话，为人类求解放。在马克思之前，社会上占统治地位的理论都是为统治阶级服务的。马克思主义第一次站在人民的立场探求人类自由解放的道路，以科学的理论为最终建立一个没有压迫、没有剥削、人人平等、人人自由的理想社会指明了方向。马克思主义之所以具有跨越国度、跨越时代的影响力，就是因为它植根人民之中，指明了依靠人民推动历史前进的人间正道。

——习近平总书记在纪念马克思诞辰200周年大会上的讲话

马克思主义是人民实现自身解放和推动历史发展

的思想体系。人民性是马克思主义最鲜明的品格和最根本的属性。始终同人民在一起，为人民利益而奋斗，是马克思主义政党同其他政党的根本区别。中国共产党干革命、搞建设、推改革的全部目的都是为了最广大人民的根本利益，都是为了让人民过上幸福生活。以人民为中心是习近平新时代中国特色社会主义思想的鲜明特色和根本立场，彰显了以人为本、人民至上的根本价值取向。坚持人民至上是习近平新时代中国特色社会主义思想的世界观和方法论，已经成为中国特色社会主义新时代和新发展阶段的最强音。

一、历史活动是群众的事业，人民群众创造历史

在马克思主义诞生之前，关于谁是历史的创造者这一问题就被广为关注和讨论。在欧洲中世纪，神学家把历史的发展归功于神意的安排，否认人的存在对于历史的意义，认为历史的创造者是神、是上帝。[①] 哥白尼革命之后，人们的世界观发生改变，人们开始质疑上帝创造一切的说法。黑格尔首次把自然社会和历

[①] 《马克思恩格斯文集》第一卷，人民出版社2009年版，第195页。

史社会分开,认为历史是独立存在的。但黑格尔认为是绝对精神主宰和推动了历史的发展,这一观点是对于历史发展的规律性的神秘化的表述。① 19世纪30年代黑格尔哲学解体过程中产生的青年黑格尔派中的布鲁诺·鲍威尔等人意图用英雄史观解释历史,将群众看作进步和精神的仇敌。② 之后马克思和恩格斯在批判与清算资产阶级人道主义历史观的典型——费尔巴哈人本主义历史观——的基础上,实现了唯物史观的理论创造,在人类思想史上引发了革命性的变革。

马克思从历史唯物主义的立场出发,运用辩证唯物主义分析说明人类社会发展史,从生产力与生产关系、经济基础与上层建筑这一人类社会基本矛盾出发,揭示了人民群众是人类社会生活的主体,是决定社会变革的根本力量;人类社会历史规律是通过人民群众的活动实现的;人民群众是历史的创造者,是推动历史发展的真正英雄。坚持人民至上这一习近平新时代中国特色社会主义思想的世界观和方法论就是建立在历史唯物主义基础之上的,正如毛泽东同志指出:"人民,只有人民,才是创造世界历史的动力。"③

---

① 杨谦、张婷婷:《对"人民群众是历史的创造者"原理的再理解》,《思想理论教育导刊》2020年第1期。
② 《马克思恩格斯文集》第一卷,人民出版社2009年版,第23页。
③ 《毛泽东选集》第三卷,人民出版社1991年版,第1031页。

（一）人民群众创造了社会物质财富

人民群众是社会物质财富的创造者。人类赖以生存的衣食住行等社会物质财富都是勤劳智慧的劳动人民在生产实践中创造的，没有劳动人民的辛勤付出，人类的美好生活将会是无源之水、无本之木。劳动人民在生产实践中不断积累生产经验、改进生产工具和生产技术，从而推动了生产方式的变化、生产力的发展，进一步推动了整个社会历史的进步。只有在创造了全部物质生活资料的基础上，人民群众才有可能进行政治、科学、文化、艺术及其他社会活动。离开了劳动人民创造的物质财富，人类无法生存，社会无法存在，更谈不上发展。

人民群众不仅要拥有物质财富的所有权，也要拥有物质财富的享用权。能否实现人民拥有自己创造出来的财富的享用权，这个关键的问题不仅关系到一个社会性质的判定和价值的实现，也关系到社会制度性质的判定。在社会主义制度下，人民群众是国家的主人，是社会物质财富的拥有者。习近平总书记强调："我们的责任，就是要团结带领全党全国各族人民，继续解放思想，坚持改革开放，不断解放和发展社会生产力，努力解决群众的生产生活困难，坚定不移走共同富裕的道路。"① 现如今，我国已经建立了生产资料的社会主义公有制，整个社会的财富归全体人民所有。

（二）人民群众创造了社会精神财富

人民群众是社会精神财富的创造者。首先，人民群众直接参与精神财富的创造，对人类科学、文化艺术的发展作出直接的贡献。人类早期的种植、饲养、制陶、冶铁、建筑等方面的技术发明，诗歌、舞蹈、音乐等艺术形式，都与人们的生产生活息息相关，是劳动者在长期生产实践活动中的经验总结。即使在劳动群众的才智受到压抑的阶级社会中，劳动群众中也涌现出许多科学家、发明家、文学家、艺术家和哲学家。其次，人民群众为精神生产创造了物质前提，是一切精神产品形成和发展的源泉。历史唯物主义认为社会存在决定社会意识，劳动人民的生产实践活动为科学家、思想家、艺术家等从事精神生产活动的人提供了物质基础。社会意识又是社会存在的反映，人民群众的实践活动过程中所产生和积累的感性经验，是社会精神财富创造的主要素材。

人民群众同样是一切社会精神财富的评判者。任

---

① 《习近平谈治国理政》，外文出版社2014年版，第4页。

何一种文化形态都不可能是一成不变的，都会随着时间、地点、条件的变化而变化，随着时代的发展而发展。人类的真理性认识是人们在物质生产过程中，经由感性认识到理性认识，再从理性认识到实践的循环往复的过程中提炼和总结出来的。任何思想的发展都要经过人民群众实践的检验，才能总结出真理性认识。坚持马克思主义在意识形态领域的指导地位，是根植于中国具体实际的历史沃土上，是我国人民群众在革命、建设、改革过程中验证过的一条真理。革命战争年代诞生的宝贵精神财富不计其数，包括老区精神、遵义会议精神、西柏坡精神、沂蒙精神、吕梁精神、长征精神、抗战精神、大别山精神、苏区精神、红船精神、延安精神和井冈山精神等等。新中国成立后，中国共产党带领全国各族人民取得了一系列经济社会发展的重大成就，也铸就了一系列宝贵精神财富。其中具有代表性的北大荒精神是黑龙江垦区的广大人民群众在七十多年的开发建设中，用青春与汗水、鲜血和生命，在特定历史条件和极其艰苦的环境下培育和锤炼出来的。迈入新时代，我国在脱贫攻坚伟大斗争中锻造形成了"上下同心、尽锐出战、精准务实、开拓创新、攻坚克难、不负人民"的脱贫攻坚精神。一切精神财富都是人民在历史长河中实践出来的宝贵经验，必须坚持以人民为中心，凝聚人民力量，才能把创造出的精神文化财富转化为推动中华民族伟大复兴的强大动力。

（三）人民群众是历史的创造者，是社会变革和进步的决定力量

马克思主义群众史观认为人类历史进步和发展的决定性力量是人民群众，人民群众是历史的创造者。人民群众在创造物质财富和精神财富的同时，也创造并影响着社会关系，最终推动生产关系的变革。生产关系一定要适合生产力发展状况的规律和上层建筑一定要适合经济基础发展状况的规律最终都是通过人民群众的实践实现其作用的。人民群众是社会变革的主体，也是历史方向的掌舵者。

马克思、恩格斯指出人民群众在创造历史的过程中会受到社会经济条件和政治条件的影响。首先，经济条件是人民群众创造历史活动的根本制约条件，包括生产力和生产关系。生产力是人类社会发展的根本动力，生产力与生产关系的矛盾运动推动着人类社会历史由低级阶段向高级阶段发展。人民群众作为社会物质财富和精神财富的创造者，是生产力中最活跃、最革命的因素。人民群众的劳动经验、技能、科技素

质和对生产的态度，直接影响着生产力的发展水平。①同时，人民群众创造历史的活动必须先适应社会生产力状况，不同社会生产力条件下表现出不同的生产关系。一般而言，先进的生产关系会调动人民群众的积极性，而落后的生产关系则会限制群众的积极性。正是代表生产力发展要求的人民群众的社会革命推动了生产关系的变革，为人类社会发展开辟了前进的道路。

其次，以政治制度为代表的社会政治条件是影响人民群众创造历史活动的重要因素。生产关系对生产力具有能动的反作用，当政治制度不再适应生产力发展时，就会阻碍人民群众继续推动社会的进步。一切社会变革，都是为了解放和发展生产力，使劳动人民从旧的生产关系和腐朽的社会制度的束缚下解放出来。历史实践表明，我国社会主义革命和建设的一切成就，都是广大人民群众发挥积极性和创造性取得的。在社会主义制度下，人民群众成为社会的主人，符合广大人民群众的根本要求和愿望。因此人民群众能够在政治活动和社会管理中充分发挥自己的聪明才智，积极投身到改革和建设实践中去，并成为推动历史发展的主力军。

---

① 牛先锋、杨磊：《人民至上：从〈共产党宣言〉到〈为人民服务〉》，广西人民出版社2021年版，第2页。

二、人民性是马克思主义的本质属性

马克思主义是由马克思和恩格斯创立、由后继者不断丰富和发展的科学理论体系。马克思主义从诞生开始,就深刻阐明了人民性这一马克思主义最鲜明的政治品格和本质属性的观点。习近平总书记指出:"马克思主义第一次站在人民的立场探求人类自由解放的道路,以科学的理论为最终建立一个没有压迫、没有剥削、人人平等、人人自由的理想社会指明了方向。马克思主义之所以具有跨越国度、跨越时代的影响力,就是因为它植根人民之中,指明了依靠人民推动历史前进的人间正道。"① 研究马克思主义经典作家关于人民性的相关理论学说,为我们进一步探究如何坚持和发展人民至上这一马克思主义的基本立场提供了理论支撑和价值指向。

(一)马克思主义人民性的理论渊源

每一个时代的理论思维都是历史的产物,马克思在创立历史唯物主义的同时所阐发的群众史观,是建

---

① 习近平:《在纪念马克思诞辰200周年大会上的讲话》,人民出版社2018年版,第8页。

立在对当时历史和时代发展的深刻理解和把握的基础之上的。马克思主义理论批判继承了所有人类创造的优秀文化成果，包括资本主义创造的优秀文化成果。马克思主义的人民性既延续了德国古典哲学的"主体性思想"，也批判地继承和吸收了英国古典政治经济学和英法空想社会主义学说的合理成分。

首先，马克思主义群众史观吸收了德国古典哲学的"主体性"思想。康德确立了"人是主体"的自我学说，把对人类的认识从"自然"转向"人"，从必然转向自由。康德认为人是通过人的自我创造活动表现出来的，他不仅强调主体意识的能动性，而且强调从人创造自己的现实活动及其实际的发展出发，在人同社会、历史的相互联系中考察人类理性，开创了实践哲学的先河。黑格尔继承和发展了康德的哲学思想，他试图通过主体产生客体的方式来克服康德哲学中主观与客观对立的矛盾。"精神就是这种自己变成他物、或变成它自己的对象和扬弃这个他物的运动"[①]，他认为绝对理念是能动的主体，把自己不断外化为客体。黑格尔强调人是创造历史的力量的观点，为马克思更好地把握人类历史的发展提供了思想来源。费尔巴哈

---

① 黑格尔：《精神现象学》上卷，贺麟、王玖兴译，商务印书馆2017年版，第26页。

第一章　人民至上体现了马克思主义的基本立场

则把自然、社会和人统一起来，把哲学中的主体和现实的人联系在一起，这就突破了哲学与生活脱离的情况。但由于费尔巴哈只是强调感觉、经验的主导作用，没有把作为主体的人与实践结合起来，因此他不能理解主体的能动性。虽然德国古典哲学没有科学地解决社会历史的主体问题，但康德、黑格尔、费尔巴哈等人对主体的认识不断深入，无疑为马克思科学地理解和把握主体问题、创立唯物史观的群众观点奠定了基础。

其次，对于英国古典政治经济学，它的价值立场可以用与马克思主义的"以人民为中心"相反的"以资本为中心"来概括。[①] 以亚当·斯密和大卫·李嘉图为代表的古典政治经济学家虽然提出了劳动创造价值的观点，并在一定程度上揭示了资本对劳动的剥削，但同时又认为"工资、利润和地租，是一切收入和一切可交换价值的三个根本源泉"[②]，否定了劳动是创造价值的唯一源泉，继而掩盖和固化了资本剥削劳动的实质。资产阶级坚持"以资本为中心"的逻辑，使得工人阶级逐步沦为剥削和压迫的对象，造成了经济社

---

① 袁凌新：《"以人民为中心"：马克思主义政治经济学的价值立场及其实现路径》，《郑州航空工业管理学院学报》（社会科学版）2022年第3期。

② 亚当·斯密：《国富论》，郭大力、王亚南译，商务印书馆2015年版，第46页。

会和人的发展的双重桎梏危机。马克思创立了科学的劳动价值理论,揭示了价值和剩余价值的源泉和本质,认为只有消灭了资本主义私有制、建立社会主义制度,才能够真正坚持人民立场,实现人自由而全面的发展与社会的发展。

最后,英法空想社会主义学说也为马克思主义群众史观的创立与发展提供了丰富的理论资源。自英国资产阶级革命结束,欧洲大陆相继爆发了以法国大革命为典型代表的斗争运动,底层劳动人民渴望打破资本主义的枷锁。以圣西门、傅立叶和欧文为代表的空想社会主义者对资本主义的批判以及对未来社会的设想,为启发工人阶级觉悟和激励工人阶级实现自己的根本利益作出了重要贡献。在《共产党宣言》中,马克思称赞空想社会主义有力地抨击了资本主义的全部基础,极大地启发了工人的阶级觉悟。①

(二)马克思关于人民的经典论述

马克思很早就在心中播下了解救受苦受难的工人群众的种子。"如果我们选择了最能为人类而工作的职业,那么,重担就不能把我们压倒,因为这是为大家作出的牺牲;那时我们所享受的就不是可怜的、有限

---

① 《马克思恩格斯选集》第一卷,人民出版社2012年版,第376—435页。

第一章　人民至上体现了马克思主义的基本立场

的、自私的乐趣，我们的幸福将属于千百万人，我们的事业将悄然无声地存在下去，但是它会永远发挥作用，而面对我们的骨灰，高尚的人们将洒下热泪。"①马克思高中所作的《青年在选择职业时的考虑》展现出他在青年之时就已经胸怀崇高理想、为人类解放不懈奋斗的凌云壮志了。

大学时期，马克思受到青年黑格尔学派影响，迈出了群众史观萌芽的第一步。马克思的博士论文《德谟克利特的自然哲学和伊壁鸠鲁的自然哲学的差别》中，显现了以人为本而不是以神为本的群众史观的思想倾向。他在论文中指出，人应该是社会的、现实的人，肯定了人的主观能动性，强调自我意识的作用就是要实现人的价值。马克思在其中阐明了哲学同现实、同人民有着非常紧密的联系，是人的实践活动的理论总结。同时，哲学要和现实世界联结并相互作用，要"浸进沙龙、神甫的家、报纸的编辑部和国王的接待室，浸进同时代人的灵魂，也就是浸进使他们激动的爱与憎的感情里"②。马克思在博士论文中对人的社会性、认识世界和改造世界的肯定，均体现了其群众史观思想的倾向，为他确立唯物史观奠定了思想

---

① 《马克思恩格斯全集》第一卷，人民出版社1995年版，第459—460页。
② 《马克思恩格斯全集》第一卷，人民出版社1956年版，第121页。

基础。

学生时代的马克思从黑格尔的理性国家观点出发，认为国家能够解决现存社会的各种不公平、不自由的问题，从而实现幸福和平的美好社会。在《莱茵报》做主编的时候，马克思逐渐认识到在现实社会中存在着大量违反理性、违背人民利益的问题，人民群众的实际生活与他们所应获得的社会地位和利益严重不匹配，这一矛盾的发生对马克思原先的哲学信仰产生了巨大冲击。在这一时期，马克思表现出对普鲁士国家封建专制主义的强烈反感，他极力维护贫苦人民的物质利益。马克思开始反思先前的法哲学与抽象批判原则的思维方式，试图从现实的社会历史来思考人的本质，在费尔巴哈唯物主义的影响下开始批判黑格尔的法哲学，为进一步认识群众问题确定了正确的方向。

《1844年经济学哲学手稿》标志着马克思已经开始重视对于人的社会性研究，重视对人与人之间经济关系的研究，深入对于现实的思考。马克思提出的异化劳动理论是该书的核心，他通过异化劳动理论，透过人与物的关系看到了人与人的关系，阐明了物质生产在社会历史中的基础地位，揭示了阶级力量的对抗和分化，把资本家和劳动者的关系"归结为剥削者和

第一章 人民至上体现了马克思主义的基本立场

被剥削者的经济关系"[①]。马克思在其中提出,共产主义革命是消灭异化劳动的必然途径,只有消灭私有制才能变异化劳动为体现人的本质的自由自觉的劳动。马克思认识到人是实践意义上的主体,强调人类历史是人实践化的过程,这一观点,正是马克思主义群众史观诞生的重要铺垫。

《神圣家族》作为马克思、恩格斯第一部合著的著作,完成了从唯心主义向唯物主义再到历史唯物主义、从革命民主主义到共产主义的重要转变。马克思、恩格斯批判了青年黑格尔派的英雄史观,认为这种思想根植于他们的资产阶级立场,本质上更是源于他们的唯心主义世界观。《神圣家族》明确了从事物质生产实践的人民群众是历史的创造者,科学地论证了群众进行物质生产是历史的发源地,认为随着物质生产的发展,群众必然会认识到自己的利益被少数统治者剥削,必然会自觉参加到社会变革的历史活动中,成为推动社会进步的主要动力。

1845—1846年,马克思和恩格斯在实践上参与到了政治运动当中,在理论上他们通过系统地研究政治经济学和历史实现了思想的飞跃,其中群众史观的成熟首先在《关于费尔巴哈的提纲》中得以实现。马克

---

① 马克思:《1844年经济学哲学手稿》,人民出版社2000年版,第55页。

思、恩格斯通过揭露和批判旧唯物主义的主要缺点，指出人在整个历史过程中始终处于一种能动的地位，不但能认识世界、解释世界，还可以改造世界，由此初步创立了科学的实践观。《关于费尔巴哈的提纲》以新的实践观作为马克思群众史观形成和发展的基石，全面地解释了人与社会的关系问题，准确地把握了人民群众的创造力。

马克思在《德意志意识形态》中以人为线索确立和完善了群众史观。马克思以进行着物质生产的"现实的人"为出发点，指出历史在人的实践活动中得以发展。他对人所处的历史环境、人所需要的生活条件和基本要求等方面进行关注，实现了人与现实的环境以及人类自身的自由全面发展的交集，把抽象的人变成现实的人即实践的人，体现出群众史观的思想。《德意志意识形态》是唯物史观的正式出场，马克思主义人民性的显著特点从此有了科学理论作指导，更加清晰而精准地揭示了人类社会发展的一般规律。

1847年，马克思、恩格斯出席了在伦敦召开的共产主义者同盟第二次代表大会，并受大会委托撰写了影响全世界的马克思主义最主要的代表作——《共产党宣言》。《共产党宣言》从唯物史观出发，浓缩了马克思之前所阐述的群众史观的主题和思想成果。从社会基本矛盾分析入手，深刻地揭示了生产力的发展与资本主义私有制之间的尖锐对立，阐述了一切社会的历史都是阶级斗争的历史，揭示了资本主义必然灭亡、共产主义必然胜利的真理。《共产党宣言》对无产阶级的历史地位和无产阶级运动的主体和历史作用作出了精辟的论述，指出无产阶级只有解放了全人类，最终才能解放自己。《共产党宣言》是人民性从实践到理论，又运用科学理论指导实践的标志性著作。

马克思主义不仅指马克思、恩格斯创立的基本观点和学说体系，也包括他们的继承者随着时代、实践和科学发展，对马克思主义理论进行的再丰富与发展。在苏联的社会主义革命和建设中，列宁、斯大林等人对于马克思的群众史观进行了丰富与完善。在马克思主义中国化时代化的进程中，人民至上这一马克思主义的基本立场结合了中国的国情和时代特征，在实践中不断继承和发扬。坚持人民至上是习近平新时代中国特色社会主义思想重要的世界观和方法论。

三、无产阶级运动是为绝大多数人谋利益的运动

马克思主义在诞生之际仅仅是众多社会主义派别

和思潮中的一种，在与世界各国工人运动相结合的过程中，逐步发展成为指导国际共产主义运动和世界社会主义事业最有影响的理论。马克思、恩格斯在《共产党宣言》中指出："过去的一切运动都是少数人的，或者为少数人谋利益的运动。无产阶级的运动是绝大多数人的，为绝大多数人谋利益的独立的运动。"① 马克思主义自诞生之日起就始终与工人运动紧密结合在一起，研究人民至上这一马克思主义的基本立场，离不开研究马克思主义与工人运动相结合的历史。

（一）资本主义的发展与三大工人运动

马克思主义诞生于19世纪40年代的欧洲，资本主义经济的快速发展和无产阶级革命运动的兴起为马克思主义群众史观的形成提供了客观历史条件和基础。14—15世纪在地中海沿岸，资本主义生产方式逐渐萌芽。18世纪中叶，英国率先开始了工业革命。这是一场从工场手工业向机器大工业飞跃的革命，促进了社会生产力的飞速发展和社会财富的大幅增长。正如马克思对于资本主义的评价："资产阶级在它的不到一百年的阶级统治中所创造的生产力，比过去一切世代创

---

① 《马克思恩格斯选集》第一卷，人民出版社2012年版，第411页。

第一章 人民至上体现了马克思主义的基本立场

造的全部生产力还要多，还要大。"① 生产力的飞速发展引起了生产关系的变革，加速了资本主义生产方式的发展。随着资本主义生产方式的不断发展、资产阶级经济力量的日益增长，资本主义不仅战胜了封建主义，而且确立了其在世界范围内的统治地位。资产阶级在政治上统治地位的确立，又进一步促进了资本主义经济的发展。

工业革命带来了先进生产力，建立了近代工厂制度，使得大量工人进入工厂工作。然而，资本家在利益的驱使下，为追求高额利润，对工人进行着非人的压榨。资本主义社会的基本矛盾，即生产社会化同生产资料私人占有之间的矛盾，随着资本主义的发展而日益明显地暴露出来了。一无所有的无产阶级只能靠出卖自己的劳动力才能维持生存，而资产阶级通过不断榨取工人的剩余价值使自己占有更多的社会财富。随着资本主义生产的不断发展，无产阶级的生产生活条件却没有得到改善，甚至面临失业。这种分裂和冲突愈演愈烈。资产阶级只需要榨取工人的剩余价值就可以攫取大量财富，而工人阶级却只能依靠出卖劳动力来维持生计，他们的基本生存权无法得到保障，工

---

① 《马克思恩格斯选集》第一卷，人民出版社2012年版，第405页。

人阶级革命的爆发成为历史必然。

19世纪三四十年代,随着工人队伍的不断壮大,欧洲各地的斗争组织结成同盟,英、法、德等国的无产阶级开展了独立的政治运动,主要表现是发生了著名的三大工人运动,即两次法国里昂工人起义、英国宪章运动、德国西里西亚纺织工人起义。运动主要采取群众集会、请愿、游行示威等方式,必要时甚至会使用武装起义等更加成熟而有效的斗争手段,充分表现出工人阶级同资产阶级作战的无产阶级革命性质。三大工人运动标志着无产阶级作为独立的政治力量登上了历史舞台。

马克思积极投身到运动实践中,深入地研究工人运动,参与反对资产阶级的斗争。马克思曾热情地写道:"要理解这个运动中人的高尚性,就必须知道英法两国工人对科学的向往、对知识的渴望、他们的道德力量和他们对自己发展的不倦的要求。"[①] 欧洲革命时期的社会震荡对马克思形成并完善群众史观起到了非常重要的作用,可以说世界无产阶级运动直接影响和丰富了马克思主义群众史观的形成,也使得马克思对群众史观的阐发从最开始的单纯逻辑推导逐渐走向理

---

① 《马克思恩格斯全集》第二卷,人民出版社1965年版,第107页。

论与实践相结合。

（二）由空想到科学：《共产党宣言》的诞生

列宁曾指出，马克思主义理论"对世界各国社会主义者所具有的不可遏止的吸引力，就在于它把严格的和高度的科学性（它是社会科学的最新成就）同革命性结合起来，并且不仅仅是因为学说的创始人兼有学者和革命家的品质而偶然地结合起来，而是把二者内在地和不可分割地结合在这个理论本身中"[①]。1848年《共产党宣言》的发表，标志着马克思主义的诞生，社会主义由空想变成了科学。

《共产党宣言》依据唯物史观考察了全部人类社会的历史，特别是考察了资本主义产生和发展的历史，从而揭示了资本主义必然灭亡、共产主义必然胜利的客观规律。通过对资本主义社会各阶级的分析，马克思认为无产阶级伟大的历史使命在于推翻资本主义和建立共产主义，指出"资产阶级不仅锻造了置自身于死地的武器；它还产生了将要运用这种武器的人——现代的工人，即无产者"[②]。《共产党宣言》公开阐明了无产阶级建立政党的性质和任务，代表了世界无产

---

① 《列宁专题文集·论马克思主义》，人民出版社2009年版，第297页。
② 《马克思恩格斯选集》第一卷，人民出版社2012年版，第406页。

阶级和广大人民群众的利益，明确地提出了通过无产阶级革命建立无产阶级的政治统治就是不断地为最大多数人谋利益的过程。

《共产党宣言》的问世标志着马克思主义的诞生，是国际共产主义运动史由空想迈向科学的伟大事件。在之后的历史进程中，《共产党宣言》再版多个序言，都是马克思、恩格斯在对各国工人阶级和劳动人民为了求得解放进行的革命斗争的密切关注下，根据发展了的革命实践，对《共产党宣言》基本思想所作的进一步阐述、丰富和发展。

（三）由理想到现实：巴黎公社革命的尝试、十月革命的发展到中国新民主主义革命的胜利

在马克思主义的影响下，1871年爆发了震撼世界的巴黎公社革命。巴黎公社运动是巴黎工人运动长期发展的结果，是法国阶级矛盾和民族矛盾的产物，是无产阶级推翻资产阶级统治、建立无产阶级专政的第一次伟大尝试。马克思主义经受住了巴黎公社的革命实践检验，被证明是指导无产阶级获得解放的伟大真理。马克思、恩格斯高度地概括了巴黎公社革命所提供的最根本的经验，即无产阶级必须用暴力革命"摧毁"旧的国家机器，建立巴黎公社式的无产阶级专政

第一章 人民至上体现了马克思主义的基本立场

国家，实现无产阶级的历史使命。

马克思不顾各国反动政府的威胁，在公社失败后的第三天，向国际工人协会总委员会宣读了他写的宣言——《法兰西内战》①，驳斥各国资产阶级和某些冒牌社会主义者对公社的攻击和非议，揭露法国资产阶级残酷镇压公社的罪行，总结公社的经验来告诫教育全世界无产阶级。《法兰西内战》科学地总结了巴黎公社革命的经验教训，提出无产阶级掌握武器是胜利地进行革命的首要条件，必须打碎旧的国家机器建立无产阶级专政，并且夺取政权并不是最终的目的，还必须为全人类的解放而斗争。巴黎公社的革命实践证明，工人阶级必须建立一个独立政党，并且无产阶级如果不和广大农民结成联盟，是不可能取得革命的胜利的，胜利了也是不可能得到长久发展的。

巴黎公社运动爆发的几十年后，在马克思主义的指导下，列宁领导的俄国十月革命是人类历史上第一次获得胜利的社会主义革命，世界上第一个社会主义国家由此诞生。十月革命的胜利，沉重地打击了帝国主义，动摇了帝国主义在殖民地和半殖民地的统治，鼓舞了被压迫民族争取民族解放的斗争。十月革命的胜利第一次把

---

① 《国际共产主义运动史》编写组：《国际共产主义运动史》，辽宁人民出版社1980年版，第100页。

马克思、恩格斯创立的革命理论变成现实，它雄辩地证明马克思主义是颠扑不破的真理，又以它极其丰富的斗争经验丰富发展了马克思主义，从而为世界无产阶级的解放斗争提供了可以借鉴的基本经验。

十月革命的一声炮响，给中国送来了马克思列宁主义，也使《共产党宣言》在当时中国先进知识分子之中广为传播。作为新民主主义革命第一阶段最具有代表性的五四运动，带着中国过去一切革命所不曾有的姿态，对帝国主义和封建主义进行了毫不妥协的斗争，推动马克思主义在中国传播和同工人运动相结合，启迪了绝大多数中国人的意识，从思想和组织上为建立中国共产党做了准备。① 1921年中国共产党的成立使得新民主主义革命拥有了坚强的领导核心。从南昌起义开始，中国共产党代表人民群众打响了武装反抗国民党反动统治的第一枪。自秋收起义以后，确立了"农村包围城市，武装夺取政权"的革命道路，开辟了以井冈山为代表的无数农村革命根据地，并成功粉碎国民党几次"围剿"②，最终三大主力会师甘肃会宁，宣告长征胜利结束。1931年日本发动九一八事变，侵

---

① 中共中央党史研究室：《中国共产党的九十年：新民主主义革命时期》，中共党史出版社、党建读物出版社2016年版，第17—25页。

② 夏春涛：《中国共产党怎样解决作风建设问题》，江西人民出版社2014年版，第3—21页。

第一章 人民至上体现了马克思主义的基本立场

占中国东北并虎视眈眈、不断向南推进，以此为起点，中国人民进入了艰苦卓绝的十四年抗战时期。之后以国共第二次合作为标志，抗日民族统一战线形成，全国人民团结一心，最终取得了抗击日本侵略者的胜利，维护了国家的主权独立，极大地提高了我国的国际地位。1946年蒋介石撕毁《双十协定》并发动内战，中国进入解放战争时期。在中国共产党的英明领导和人民群众的大力支持下，解放战争最终获得胜利。1949年10月1日，中华人民共和国、中央人民政府成立，标志着中国共产党领导中国人民经过28年艰苦的奋斗，取得了新民主主义革命的基本胜利。

中国革命的胜利是坚持把马克思主义基本原理同中国具体实际相结合的成功实践，具有伟大的历史意义。中国革命的胜利既结束了帝国主义、封建主义和官僚资本主义在中国的统治，建立了人民民主专政的新中国，也对世界历史的发展发生了巨大的影响，大大激励了许多和中国一样遭到帝国主义、殖民主义剥削压迫的国家的人民，增强了他们斗争的信心和决心。"实践充分证明，历史和人民选择了中国共产党，没有中国共产党领导，民族独立、人民解放是不可能实现的。"①

---

① 《中共中央关于党的百年奋斗重大成就和历史经验的决议》，《人民日报》2021年11月17日。

四、促进共同富裕与人的全面发展

实现人的自由而全面的发展是贯穿马克思主义始终的理论主题和奋斗目标,共同富裕是马克思、恩格斯所设想的未来理想社会的重要特征,以共同富裕促进人的全面发展,以人的全面发展推动共同富裕,是新时代和新发展阶段我国取得实质性进展的必然要求。中国共产党从成立伊始,就矢志不渝地将"为中国人民谋幸福,为中华民族谋复兴"作为自己的初心使命,中国共产党领导人民的百年奋斗史是一部追求全体人民共同富裕的历史。在新时代的发展要求中,共同富裕的实现与人的全面发展紧密关联,习近平总书记明确指出:"促进共同富裕与促进人的全面发展是高度统一的。"[1]

(一)共同富裕是人的全面发展的现实基础,人的全面发展是共同富裕的价值基础

共同富裕践行了公平正义的理念。"丘也闻有国有家者,不患寡而患不均,不患贫而患不安。"[2] 自古以

---

[1] 习近平:《扎实推动共同富裕》,《求是》2021年第15期。
[2] 《论语·季氏》。

第一章 人民至上体现了马克思主义的基本立场

来,中国人就期盼能够营造公平正义的社会发展空间。新中国成立初期,毛泽东同志在《中共中央关于发展农业生产合作社的决议》中首倡共同富裕,明确提出:"使农民能够逐步完全摆脱贫困的状况而取得共同富裕和普遍繁荣的生活。"① 邓小平同志在 1986 年接受采访时指出:"社会主义原则,第一是发展生产,第二是共同致富。我们允许一部分人先好起来,一部分地区先好起来,目的是更快地实现共同富裕。"② 习近平总书记强调:"共同富裕是全体人民共同富裕,是人民群众物质生活和精神生活都富裕,不是少数人的富裕。"③ 认清共同富裕和人的发展之间的关系,坚持把马克思主义基本原理同中国具体实际相结合、同中华优秀传统文化相结合,是我国在拥有马克思主义科学理论指导这种鲜明的政治品格和强大的政治优势下,不断开辟马克思主义中国化时代化新境界,正确回答时代和实践提出的重大问题的又一次坚守。

共同富裕为人的全面发展创造了物质基础。马克思曾指出:"人以其需要的无限性和广泛性区别于其他

---

① 中共中央文献研究室编:《建国以来重要文献选编》第四册,中央文献出版社 1993 年版,第 569—570 页。
② 《邓小平文选》第三卷,人民出版社 1993 年版,第 172 页。
③ 习近平:《扎实推动共同富裕》,《求是》2021 年第 15 期。

一切动物。"① 人的发展离不开人的需要的满足，人的需要也随着人的发展而不断改变。共同富裕包含着全面性的内涵，不仅要人们实现衣食住行等物质上的富裕，还要实现文化娱乐等精神上的富裕。马克思从人的本质出发，认为人的本质是自由自觉的活动、社会关系的总和。② 除满足人的衣食住行等物质需求外，在社会关系中的人还以其交往实践来满足和发展其精神需要。人若要实现全面的发展，不仅需要在物质生活上得到保障，而且还需要在更高层次的精神需要上得到满足。必须落实人民至上这一马克思主义根本立场，努力让发展成果更多地惠及全体人民，为每个人的自由而全面发展创造条件和基础。

共同富裕为人的发展创造社会空间。人无法脱离社会关系来展开实践，人的自由全面发展与社会的全面发展息息相关。③ 马克思认为："社会关系实际上决定着一个人能够发展到什么程度。"④ 社会交往关系为人的发展提供的社会空间和条件越丰富，个人实现发展的途径也就越广阔。人的个体发展程度依次递进地

---

① 《马克思恩格斯全集》第四十九卷，人民出版社1982年版，第130页。
② 《马克思恩格斯选集》第一卷，人民出版社2012年版，第133—140页。
③ 张当、郝立新：《共同富裕与人的发展的关系之辨》，《理论导报》2022年第4期，第53—55页。
④ 《马克思恩格斯全集》第三卷，人民出版社1960年版，第295页。

经历社会形态的三个阶段：自然发生的人的依赖关系，是第一个阶段；以物的依赖性为基础的人的独立性，是第二个阶段，它以普遍的社会物质变换为特征；"建立在个人全面发展和他们共同的社会生产能力成为他们的社会财富这一基础上的自由个性"①，是第三个阶段。在对未来社会的设想里，马克思将人的自由个性与公有制关联，并认为将实现一个更高级的、以每一个人的全面而自由的发展为基本原则的社会形式。为此，应坚持走社会主义发展道路、创造良好的社会制度和规则秩序，为社会成员创造良好的发展空间。

（二）以人的发展推动共同富裕，在共同富裕中实现人的发展

要在推动共同富裕进程中实现人的全面发展，必须以高质量发展作为基础。共同富裕是一个历史发展过程，不可能一蹴而就，而是循序渐进、逐步达成的，从温饱不足到基本小康，再到全面小康，我们经过了长期奋斗。迈向新时代和新发展阶段，我们要求共同富裕要通过高质量发展来实现，即"实现创新成为第一动力、协调成为内生特点、绿色成为普遍形态、开

---

① 《马克思恩格斯全集》第四十六卷上册，人民出版社1979年版，第104页。

放成为必由之路、共享成为根本目的的高质量发展"①。以高质量发展促进共同富裕,才能体现社会主义的本质要求——解放和发展生产力,体现出社会主义生产方式的巨大优越性。在生产力落后、无法保障物质生活的条件下,不能兼顾人的多样化、多层次、多方面的需求。只有坚持创新、协调、绿色、开放和共享发展,才能实现物质生活和精神生活的协调与和谐。

要在推动共同富裕进程中实现人的全面发展,必须树立正确的共同富裕观。共同富裕不只是为人的发展提供物质基础,同时也是作为一种价值理念鼓励人人奋斗、人人参与,为人的发展提供精神动力。新时代以来,以习近平同志为核心的党中央采取有力措施保障和改善民生,打赢脱贫攻坚战,全面建成小康社会,开启了扎实推动共同富裕的历史阶段。与此同时,我们对共同富裕的认识和理解也达到了新的理论高度。针对我国发展不平衡不充分问题仍然突出、城乡区域发展和收入分配差距较大的现状,共同富裕强调全体人民共同富裕,让广大人民群众共享改革发展成果,一个人都不能少,一个地区都不能少,一个民族都不能少。要发挥人的主体性,化被动为主动,由

---

① 《中共中央关于党的百年奋斗重大成就和历史经验的决议》,《人民日报》2021年11月17日。

第一章 人民至上体现了马克思主义的基本立场

"输血"转为"造血"。幸福生活是人民自己奋斗出来的,要给更多人创造致富机会,形成人人参与、人人尽力、人人享有的发展环境,鼓励勤劳创新致富。①

要在推动共同富裕进程中实现人的全面发展,必须以人的物质生活和精神生活都富裕为总体目标。在人的需要中,物质生活需要和精神生活需要永远是最基本的,物质生活和精神生活不是彼此分立、各不相干的,而是辩证统一的关系。物质生活是第一位的,精神生活以物质生活为基础,又赋予物质生活以价值和意义,从而引领物质生活。改革开放之初,温饱问题尚未得到解决,主要强调物质层面的共同富裕。现如今全面小康社会的实现让共同富裕被赋予了新的时代内涵:既包括物质生活的共同富裕,也包括精神生活的共同富裕。只有在精神生活的引领下,物质生活才能彰显出深刻的意义来,才能达到人自身的高度和谐,从而推动人与人、人与社会以及人与自然的和谐。

---

① 钟明华:《人的全面发展:共同富裕的价值旨归》,《国家治理》2021年第45期。

第二章　人民至上蕴含了中华优秀传统文化的民本思想

要推动中华优秀传统文化创造性转化、创新性发展，以时代精神激活中华优秀传统文化的生命力。要把坚持马克思主义同弘扬中华优秀传统文化有机结合起来，坚定不移走中国特色社会主义道路。

——习近平总书记在福建考察时的讲话

习近平总书记指出："中华优秀传统文化是中华文明的智慧结晶和精华所在，是中华民族的根和魂，是我们在世界文化激荡中站稳脚跟的根基。"[1] 中华优秀传统文化蕴含着极为丰富的民本思想，古老的儒家经典《尚书》中就体现着"民为贵"的民本思想。历史和现实充分证明，无论何时，人民都是执政者最深厚

---

[1] 习近平：《把中国文明历史研究引向深入　推动增强历史自觉坚定文化自信》，《人民日报》2022年5月29日。

第二章　人民至上蕴含了中华优秀传统文化的民本思想

的基础和最大的依靠。坚持人民至上，是中国共产党带领中国人民百年奋斗的根本历史经验。迈向中国特色社会主义新时代，习近平总书记把马克思主义基本原理与中华优秀传统文化紧密结合，将中华传统民本思想融入治国理政的伟大实践，创造性转化、创新性发展了中华优秀传统文化中的民本思想，极大地丰富了坚持人民至上这一执政理念的理论内涵。在新时代和新发展阶段的征程上，必须继续坚持全心全意为人民服务的宗旨和原则，关心人民疾苦，顺应人民呼声，不断增进民生福祉，把坚持人民至上始终作为中国共产党一切工作的根本出发点和落脚点。

一、中华传统民本思想的内涵意蕴

民本指人民是国家社稷之根本，民本思想一直是中华优秀传统文化的精髓。中国传统民本思想萌芽于商周、发展于汉唐、完善于明清时期，民本思想在不同历史时期得到不同程度的发展，但其中重民、爱民和惠民是核心思想。在治国安邦和修身齐家治国平天下的历史发展过程中，古代文人士子不断地诠释、丰富中华传统民本思想，并使之成为治国方略的一种重要思想理念和价值遵循。

人民至上

（一）"民贵君轻"的重民思想

民贵君轻的重民思想认为，正确处理人民同国家社稷的关系，首先要处理好人民同君主的关系。"天地之大，黎元为本"出自唐太宗李世民所著的《晋宣帝总论》，"黎元"在古时指百姓，这句话的意思是天地之大无不囊括其中，但百姓是国家的根本。"君舟民水"论来源于儒家思想，"孔子曰：'舟非水不行，水入舟则没；君非民不治，民犯上则倾。'是故君子不可不严也，小人不可不整一也"[1]。这番话将君和民的关系用水和舟形象地表达出来，把人民视为一个国家和民族兴衰存亡的关键。《尚书·五子之歌》中的"民可近，不可下。民惟邦本，本固邦宁"和孟子的"民为贵，社稷次之，君为轻"[2]均体现了民是基础、是根本，民比君更加重要的思想理念，"民"是巩固国家稳定最根本的基础和最基本的保障。孔子讲"仁"，重视的是人的生命，孟子在此基础上更进一步，他关注人的生存状态和权利。"民贵君轻"的思想要求统治者进行自我道德约束。民为邦本，统治者重民则"其兴也

---

[1] 《孔子家语·六本》。
[2] 《孟子·尽心下》。

勃焉",统治者重君则"其亡也忽焉"。①

(二)"以百姓心为心"的爱民亲民思想

重视人民首先要爱护人民、体恤民情,唯有真正做到爱人民,才会做到大公无私、普惠人民,这是传统民本思想的最高境界。《尚书·大禹谟》记载:"政在养民。"这句话的意思是德政才是最好的政治,好的政治在于使百姓生活得好。老子常说道"圣人无常心,以百姓之心为心"②,以此告诫为政者,治国之道就是察民情、顺民意,以民之意志为意志。孟子也提出了"亲亲而仁民,仁民而爱物"③的思想,主张开明的君主不仅要亲民爱民、仁爱百姓,更要为百姓着想,为百姓谋利益。儒家文化也重视民众在国家发展过程中的重要性,民众是王朝更替、社会发展的关键因素,顺应民意就是以百姓的关心事、烦心事为重。"以百姓心为心"就是把民众当亲人,把民生当家事,深怀爱民之情、亲民之心、为民之志,坚持"权为民所用、情为民所系、利为民所谋"④,使之成为各项工作的根

---

① 《左传·庄公十一年》。
② 《道德经·第四十九章》。
③ 《孟子·尽心上》。
④ 《"三个代表"与执政为民》编写组:《"三个代表"与执政为民》,中共中央党校出版社2003年版,第20、25、27页。

本出发点和落脚点,并努力落实到思想和行动中去。

(三)"普惠于民"的惠民利民理念

惠民利民是传统民本思想在经济方面上的体现,它为人民共享发展成果提供了有益的参考和借鉴。墨子认为,君主得到上天的赏还是罚,在于是否顺应天意,顺应天意与否在于君主是否尽到惠民利民的责任。① 中国传统政治中,存在惠民利民的发展理念,这一理念强调利民则利君,惠民才能富国足军。"治国之道,富民为始"②,这句话从经济层面阐释了重视民众利益的重要性,国家治理应该以人民生活富裕为起点,人民生活水平提高了,国家才会发展得越来越好。管仲提出"仓廪实而知礼节,衣食足而知荣辱"③,目的在于提倡统治者在保障人民生活富裕的前提下,让百姓修身养性、知礼明德,从而稳定社会,促进国家的长远发展。顾炎武在明清时代也曾谈到"利国富民""善为国者,藏之于民"④,肯定了一个国家的繁荣安定是以人民获得富足的物质生活条件为基础的,并主张实行"利民"政策。

---

① 崔永东:《道德与中西法治》,人民出版社2002年版,第99页。
② 《史记·平津侯主父列传》。
③ 《管子·牧民》。
④ 《三国志·赵俨传》。

第二章 人民至上蕴含了中华优秀传统文化的民本思想

中华传统文化中的民本思想为"坚持人民至上"奠定了丰富的思想文化资源。中国共产党人在革命、建设、改革实践中，把马克思主义基本原理同中国具体实际相结合、同中华优秀传统文化相结合，在创造性转化、创新性发展中华传统民本思想的基础上，始终坚持和发扬光大人民性这一马克思主义最鲜明的政治品格。"共产党人的一切言论行动，必须以合乎最广大人民群众的最大利益，为最广大人民群众所拥护为最高标准。"① 习近平总书记深谙博大精深的中华优秀传统文化的丰富内涵和深厚底蕴，高度重视中华优秀传统文化的创新与发展，经常性引用中华传统文化中的民本思想来生动形象地阐释论证人民地位和人民根本利益，始终坚持把人民放在心中最高的位置，始终强调人民是我们党执政的最深厚根基和最大底气。

二、推动中华传统民本思想的创造性转化与创新性发展

党的二十大报告指出："人民性是马克思主义的本质属性，党的理论是来自人民、为了人民、造福人民

---

① 《毛泽东选集》第三卷，人民出版社1991年版，1096页。

的理论，人民的创造性实践是理论创新的不竭源泉。"① 这种人民至上的理论深深植根于我国传统民本思想，是古为今用的典范，是马克思主义思想精髓同中华优秀传统文化精华贯通的体现。习近平总书记指出："中华文明源远流长，蕴育了中华民族的宝贵精神品格，培育了中国人民的崇高价值追求。"② 中国共产党之所以长期坚持人民至上，不断增进人民福祉，一方面是因为党的根本性质和宗旨，另一方面是因为中国共产党人不断推动中华传统民本思想的创造性转化与创新性发展，以时代精神激活中华优秀传统民本思想的生命力。

（一）民心是最大的政治

《尚书·五子之歌》中"民惟邦本，本固邦宁"的思想表明了人民对国家社稷的决定性作用，习近平总书记在《干在实处　走在前列——推进浙江新发展的思考与实践》一书中引用此句来表达人民才是国家的根本，人心所向，国家才能安定。③ 习近平总书记在

---

① 习近平：《高举中国特色社会主义伟大旗帜　为全面建设社会主义现代化国家而团结奋斗——在中国共产党第二十次全国代表大会上的报告》，人民出版社2022年版，第19页。
② 《习近平谈治国理政》，外文出版社2014年版，第158页。
③ 习近平：《干在实处　走在前列——推进浙江新发展的思考与实践》，中共中央党校出版社2006年版，第55页。

第二章 人民至上蕴含了中华优秀传统文化的民本思想

《摆脱贫困》一书中引用"治政之要在于安民，安民之道在于察其疾苦"的语句，表明了治国理政的关键是安定民心，安定民心的方法在于体察百姓的疾苦。[①]他在《之江新语》中引用《道德经·第四十九章》的"圣人无常心，以百姓之心为心"来表达"我最牵挂的还是困难群众"的情感。[②]习近平总书记在党的群众路线教育实践活动第一批总结暨第二批部署会议上的讲话中引用了《管子·牧民》中的"政之所兴在顺民心，政之所废在逆民心"来表示执政的好坏就在于人心向背。[③]"民心是最大的政治"的论断，体现了马克思主义群众史观的基本原理，契合"得民心者得天下"的中国传统政治文化规律，更是中国共产党百年奋进的实践总结，彰显了中国共产党的核心价值理念。加强党的政治建设，就是要紧扣民心这个最大的政治，把赢得民心民意、汇聚民智民力作为重要着力点。以人民为中心的执政理念融汇古今，传承中华民族的优秀文化，同时又被赋予新时代的新内涵。

[①] 习近平：《摆脱贫困》，福建人民出版社1992年版，第12页。
[②] 习近平：《之江新语》，浙江人民出版社2007年版，第257页。
[③] 中共中央文献研究室、中央党的群众路线教育实践活动领导小组办公室编：《习近平关于党的群众路线教育实践活动论述摘编》，党建读物出版社、中央文献出版社2014年版，第39页。

（二）民生问题无小事

清代诗人郑板桥在《潍县署中画竹呈年伯包大丞括》中有言："衙斋卧听萧萧竹，疑是民间疾苦声。些小吾曹州县吏，一枝一叶总关情。"习近平总书记在《做焦裕禄式的县委书记》一文中引用其表达群众无小事，一枝一叶的民生小事都应该用心用情去做。[①] 习近平总书记在《摆脱贫困》中引用了典出《说苑·政理》的"善为国者，爱民如父母之爱子、兄之爱弟，闻其饥寒为之哀，见其劳苦为之悲"，表达了其对人民的日常生活的挂念。[②] 正如习近平总书记指出："到乡亲们家中，同他们聊天。他们的生活存在困难，我感到揪心。他们生活每好一点，我都感到高兴。"[③] 在《干在实处 走在前列——推进浙江新发展的思考与实践》一书中，习近平总书记引用了《孟子·梁惠王上》中的"老吾老，以及人之老；幼吾幼，以及人之幼"，要求党员干部要学会换位思考，从群众的角度来解决群众实际困难的执政理念。[④] 民生无小事，枝叶总

[①] 习近平：《做焦裕禄式的县委书记》，中央文献出版社2015年版，第16页。
[②] 习近平：《摆脱贫困》，福建人民出版社1992年版，第154页。
[③] 习近平：《携手消除贫困 促进共同发展——在2015减贫与发展高层论坛的主旨演讲》，人民出版社2015年版，第5页。
[④] 习近平：《干在实处 走在前列——推进浙江新发展的思考与实践》，中共中央党校出版社2006年版，第307页。

第二章　人民至上蕴含了中华优秀传统文化的民本思想

关情。"保障和改善民生没有终点，只有连续不断的新起点。"① 这是对群众的承诺，不但能温暖亿万民众心田，还能保障国家发展节节高。只有为服务增温、为福祉提质、重视反馈，才能更好地提升人民群众的幸福感与满足感，从而增强人民对党和政府的信任感。

（三）深入群众，调查研究

习近平总书记在网络安全和信息化工作座谈会上的讲话中引用汉朝王充《论衡·书解》中的语句，"知屋漏者在宇下，知政失者在草野"，其含义是知道房屋漏雨的人在房屋下，知道政治有过失的人在民间，表明其要求党员干部应该深入群众，调查研究。② 张居正《请蠲积逋以安民生疏》一文中的语句，"窃闻致理之要，惟在于安民，安民之道，在察其疾苦而已"，习近平总书记在中央政法工作会议上用其告诫领导干部不能搞形式主义，要真正到群众身边，了解人民的困难，实实在在解决问题。③ 习近平总书记在讲话中引用了《史记·殷本纪》中的"人视水见形，视民知治不"，意为人在水中可以看见自己的模样，在民众中可以看出执政的状况，用以告诉党员干部，民众如同不

---

① 《习近平谈治国理政》第二卷，外文出版社2017年版，第362页。
② 《习近平谈治国理政》第二卷，外文出版社2017年版，第335页。
③ 习近平：《摆脱贫困》，福建人民出版社1992年版，第46页。

说谎的镜子,总是实事求是地反映出美丑。① 这意味着,领导干部基层调研要带着感情,放下架子,沉下身子,与群众同吃同住同劳动,想群众所想,做群众所盼,真心实意地为群众办事,时时刻刻以群众利益为重,以扎实的调研切实为人民服务。

习近平总书记基于唯物史观的新发展理念,从传统文化的角度深入分析和总结了中华民本思想中民心所向的历史规律以及惠民益民主张,从"相信谁"进行思考,然后对"依靠谁"给予确认,最后解决了"为了谁"的问题,把人民利益作为国家治理的出发点,在制定完善的制度体系基础上,考虑人民关切、维护人民利益,同时发挥人民群众的力量,将人民群众作为推进国家治理能力现代化的依靠力量。习近平总书记人民至上的执政理念集中表现为,得民、爱民是治国理政的基础和源泉,安民、富民是国家兴旺发达的途径和归宿,实现了对中国民本思想的借鉴和超越,为发展与完善人民至上的执政理念奠定了坚实的基础。

---

① 中共中央文献研究室、中央党的群众路线教育实践活动领导小组办公室编:《习近平关于党的群众路线教育实践活动论述摘编》,党建读物出版社、中央文献出版社2014年版,第62页。

第二章 人民至上蕴含了中华优秀传统文化的民本思想

三、实现马克思主义基本原理同中华优秀传统文化相结合

中国共产党自成立以来就自觉地把马克思主义作为建党立党的指导思想和理论基础，马克思主义唯物史观科学地揭示了人类社会的本质和发展规律。群众史观是马克思主义唯物史观的重要组成部分，核心思想是人民主体思想，群众史观认为人民群众是推动人类社会发展和历史进步的决定性力量。习近平总书记提出的人民至上的执政理念正是对马克思主义群众史观的继承与发展，人民至上这一思想贯穿于新时代中国特色社会主义事业的伟大实践之中。与此同时，人民至上的执政理念植根于优秀传统文化的土壤中，不断吸纳优秀传统文化的滋养。马克思主义和中华优秀传统文化是产生于不同地域、不同时代的两种思想文化体系，因中国百年来革命、建设、改革的实践而交汇。中国特色社会主义思想体系的形成过程，实质上就是对中华优秀传统文化进行现代阐释和实现马克思主义中国化时代化表达的过程。继续推进马克思主义基本原理和中华传统民本思想的融合，必须增强党在二者融通道路上的主体力量和坚持二者在实践大语境

下的实际融通。

（一）加强对中华优秀传统文化的现代阐释

习近平总书记指出："要加强对中华优秀传统文化的挖掘和阐发，使中华民族最基本的文化基因与当代文化相适应、与现代社会相协调。"[①] 这为我们实现马克思主义基本原理与中华优秀传统文化相融通提供了路径、指明了方向。中华优秀传统文化内容丰富、思想深邃，包含着大量有益于现代社会发展的成分和素材，必须坚持以马克思主义原理和方法对其进行观察、挖掘、转化，增添其马克思主义要素、转化为大众化的形式、赋予其新的时代内涵。中华优秀传统文化立足于农耕文明、服务于封建统治，既具有保守性、封建性的一面，又具有重感性认识、轻理性逻辑的一面。要实现马克思主义与中华优秀传统文化的融通，必须坚持以马克思主义的立场、观点、方法来考察中华优秀传统文化，探究其社会历史基础，辨别其精华与糟粕，结合时代发展要求激活其有利于社会进步的积极方面，同时以辩证唯物主义和历史唯物主义的哲学思想为指导，坚持科学性和价值性的统一，摒弃经验主

---

① 习近平：《在哲学社会科学工作座谈会上的讲话》，人民出版社2016年版，第17页。

义和教条主义的思维方式,加强对其进行现代阐释、创造性转化和创新性发展。

(二)注重马克思主义基本原理的中国化表达

早在新民主主义革命时期,毛泽东同志就鲜明提出要使马克思主义具有"中国作风和中国气派"[①]。马克思主义既是世界的,又是中国的,它不仅宏观把握了人类世界的变化和发展,更指导了中国从险些被"开除球籍"到迎来"强起来"的飞跃历程。要使马克思主义讲"中国话语",转换其表达方式非常重要。从形式层面看,必须采用中国人熟悉的语言形式、思维方式、表达方法,让艰深晦涩的马克思主义"飞入寻常百姓家"[②];从内容层面看,中华优秀传统文化内容丰富,意蕴深刻,能够和马克思主义相结合之处很多,要不断为马克思主义注入"民族因素",不断实现马克思主义基本原理的中国表达。如理论联系实际原理的中国表达为"有的放矢";马克思主义认识论的中国表达为"知行合一";马克思主义自然观的中国表达为"绿水青山就是金山银山";马克思主义群众史观的中国表达为"人民至上";等等。中华优秀传统文化内

---

① 《毛泽东选集》第三卷,人民出版社1991年版,第844页。
② 刘勇、韩叶:《让党的创新理论"飞入寻常百姓家"》,《湖南行政学院学报》2021年第2期。

容丰富、表达方式多样,能够为马克思主义实现"中国化表达"提供文化滋养、形式支撑。百年来形成的马克思主义的中国表达都为马克思主义与中华优秀传统文化的融通、为马克思主义在中国影响力的增强和实现本土化提供了支撑、扩展了空间。

(三)增强党在推进二者融通上的主体力量

办好中国的事情,关键在党。回望百年党史,我们可以清楚地认识到,如果没有中国共产党的艰辛探索、坚定信仰和民族情怀,就不会有马克思主义与中华优秀传统文化相融通结出的累累硕果。毛泽东同志高度重视马克思主义的本土化,指出"马克思主义必须和我国的具体特点相结合并通过一定的民族形式才能实现"[1],这内在包含二者融通的要求。改革开放后,邓小平同志提出"建设有中国特色的社会主义"的命题,这种"中国特色"同样也包含影响我国政治发展和人们精神气质的传统政治思想。在新时代,习近平总书记将"一个结合"扩展到了"两个结合",突出了中华优秀传统文化和传统政治思想的地位。他还指出:"科学社会主义的主张……是同我国传承了几千年的优秀历史文化和广大人民日用而不觉的价值观念融

---

[1] 《毛泽东选集》第二卷,人民出版社1991年版,第534页。

第二章　人民至上蕴含了中华优秀传统文化的民本思想

通的。"① 这科学地解释了有很大时空距离、民族差别、文化差异的两种文化体系为什么能够融通的问题。百年来的理论发展和实践历程表明，党是推进马克思主义与中华优秀传统文化融通的坚强力量，必须增强党在推进二者融通上的主体力量，推进这一融通过程更加深入、完善。

（四）坚持二者在实践大语境下的实际融通

实践是检验理论的标准，只有在现实运动中才能实现理论的真正发展。过去一百年，马克思主义基本原理与中华优秀传统文化相融通，形成了丰硕的理论成果，创造了伟大成就。马克思主义主张社会意识由社会存在所决定，前者只能因其符合人民群众的实际需要、符合时代潮流而存在。这就内在要求中华优秀传统文化必须随着社会发展而发展、因社会变化而前进、因人民需要而转化。立足当下，要持续推进马克思主义基本原理与中华优秀传统文化的融通，必须先使二者在实践中实现融通，并得到检验，彰显其真理性和价值性。由此，二者的融通需要超脱文本小语境上的表面结合，实现在实践大语境上的现实结合。百

---

① 习近平:《坚持和完善中国特色社会主义制度推进国家治理体系和治理能力现代化》，《求是》2020年第1期。

年实践历程表明，马克思主义基本原理与中华优秀传统文化的融通是在对现实世界的观照中实现的。马克思主义的实践性特征要求理论发展必须面向实践，否则理论是没有生命力的。党的百年奋斗史上，毛泽东同志对"实事求是"古语的改造，邓小平同志对"小康"理想的新释，习近平总书记对"人民至上"理念的发展，都是在探索革命、建设、改革的中国道路的实践中实现并得到检验的。因此，坚持马克思主义基本原理与中华优秀传统文化在实践大语境下的实际融通是创新发展二者的必由之路。

马克思主义基本原理与中华优秀传统文化在党的百年奋斗实践中形成了深刻的互动关系。实践证明，尽管二者有着巨大的时空距离、民族差别、文化差异，但仍然能够实现融通。一方面，马克思主义为中华优秀传统文化的创造性转化和创新性发展提供了科学指导和发展动力，使其拥有时代化内涵、大众化形式和马克思主义要素，激活了其生命力；另一方面，中华优秀传统文化为马克思主义提供了中国土壤、增添了中国要素、转化了中国形式，推动了马克思主义的中国化、时代化、大众化。"理论在一个国家实现的程度，总是取决于理论满足这个国家的需要的程度。"① 二者的融通成果为党在新时代治国理政、资政育人提供了优秀精神给养。

四、将中华传统民本思想融入人民至上实践

中国共产党自诞生之日起就注定与人民群众站在一起，在革命、建设和改革的不同阶段，中国共产党始终坚持人民至上的价值理念。在新时代发展征程上，以习近平同志为核心的党中央从人民群众的根本利益角度出发，制定了一系列的发展战略和规划。在中华传统民本思想的引导下，结合新时代中国特色社会主义建设实际，人民至上的丰富内涵在坚决打赢脱贫攻坚战和抗击疫情中展现得淋漓尽致。

（一）脱贫攻坚夺取时代胜利

新中国成立以来，我们党带领人民持续向贫困宣战，因地制宜采取扶贫举措，取得了良好的成绩。党的十八大以来，以习近平同志为核心的党中央对脱贫攻坚作出了新的部署，打赢脱贫攻坚战的号角在中华大地上吹响，脱贫攻坚事业取得了明显的成效。2021年，中国已经实现了全面小康的目标：9899万农村

---

① 《马克思恩格斯选集》第一卷，人民出版社2012年版，第11页。

贫困人口全部脱贫，832个贫困县如数摘帽，12.8万个贫困村全部出列，完成了消除绝对贫困的艰巨任务，脱贫攻坚取得全面胜利，人民生活实现全方位改善。

脱贫攻坚战的胜利，为中国人民实现共同富裕奠定了基础，各级各部门精准执行党中央的决策部署，为实现脱贫出谋划策，坚持精准扶贫方略，真心实意为贫困群众着想，真正造福有需要的群众。中国共产党与全国人民进行的这场脱贫战役，深刻展现了中国共产党人民至上的执政理念。

首先，脱贫成效显著，没有发生大面积返贫。脱贫成果使得群众的吃穿得到了保障，与此同时，建立了教育、医疗、住房三者保障体系，饮用水的质量得到了改善。第一，全国脱贫人口的人均收入显著提高，2021年脱贫县农村居民人均可支配收入14051元，比上年名义增长11.6%，扣除价格因素，实际增长10.8%，名义增速和实际增速均比全国农村快1.1个百分点。第二，在义务教育阶段，脱贫家庭学生没有因贫困而导致的辍学现象。第三，脱贫群众的医疗卫生得到了保障。第四，建立健全防止返贫监测帮扶机制，从扶上路到走正路，监测扶贫真成果。这样，通过及时采取措施帮助因灾害而脱贫的人，有效解决了因灾

第二章 人民至上蕴含了中华优秀传统文化的民本思想

害而返贫的风险。

其次,通过乡村振兴路径巩固扩大脱贫攻坚成果。坚持"人民至上"的理念,坚决履行好脱贫攻坚兜底保障政治责任,加大对贫困地区的扶持力度。2021年,中央衔接推进乡村振兴补助资金投入1561亿元,比上年增加100亿元,其中用于产业发展的比例超过50%。2022年,中央财政按照只增不减的原则,预算安排衔接推进乡村振兴补助资金1650亿元,同口径较2021年增加84.76亿元,增长5.4%。[①] 中央不断支持地区特色产业发展,以此带动全区域产业振兴和经济发展。2021年,中国为3145万脱贫人口创造了就业机会,鼓励脱贫人口学习就业技能,充分挖掘自身脱贫动力,从根本上解决贫困的问题。

最后,巩固脱贫攻坚成果和乡村振兴战略相辅相成。一方面,帮扶队伍要层层推进,注重加强经济发达地区对经济落后地区的帮扶,点对点定向投资产业资金;另一方面,要加强对扶贫队伍的一体化建设,在各级党委的带领下,从不同层面、不同角度共同抓牢乡村振兴的工作格局,在保证脱贫攻坚成果的同时

---

① 中华人民共和国财政部:《关于加强中央财政衔接推进乡村振兴补助资金使用管理的指导意见》,2022年2月24日,http://www.gov.cn/zhengce/zhengceku/2022-03/22/content_5680413.htm。

稳步推进乡村振兴战略。

习近平总书记认为,脱贫致富是人民群众最关心的事情,带领人民群众走上致富之路,正是践行了党要为人民办实事的初衷。坚持以"人民至上"理念为发展思想,就是要扎扎实实为群众办好事、办实事,民生得以改善才是最亮的执政色彩。新时代脱贫攻坚任务取得阶段性胜利,距离共同富裕目标的实现又接近了一步,这也是坚持"人民至上"理念的现实佐证。

(二)抗击疫情彰显"人民至上"

新冠疫情的严峻考验在很大程度上展示了中国特色社会主义制度的显著优势。首先,突出了党中央的领导作用。在新冠疫情防控中,党中央多次进行任务指导,科学部署,各级政府部门担起地方领导作用,积极贯彻党中央的领导方针,坚持实施精准疫情防控。在新冠疫情的不同阶段采取不同的抗疫原则和抗疫道路,在组织领导的努力下,全体共产党员一直冲锋在抗疫一线,团结引导人民群众,不断地努力将党中央的决定战略部署践行到实处,保障了人民群众的健康安全,取得了疫情防控的阶段性成果。

其次,体现了党的人民性。在疫情防控的人民战争中,我们党保持对人民的高度责任感,时刻站在人

第二章　人民至上蕴含了中华优秀传统文化的民本思想

民群众生命和身体健康的立场上，对前线的医务工作者给予充分的关注和关爱，加强职业暴露防护设施建设和防护设备配置，保障一线医务人员防护用品配给。我们党从各层面给予支持和保证，让全国人民满怀一腔热血持续投身到抗击疫情的战斗中。

再次，体现了集中力量办大事的优越性。中华民族历来就是一个团结互助的民族。新冠疫情严重的地区和省份会得到其他地区和省份的支援，从基本生活物资保障到军队和医务人员的增援，从筹备防疫物资到各项保障物资的现实落地都是高效实现的，充分体现了中国特色社会主义制度在集中力量解决重大问题方面的显著优势。

最后，充分彰显了构建人类命运共同体的理念。在全球疫情防控工作中，中国始终以实际行动践行人类命运共同体理念。在保障本国疫情防控工作的基础上，还积极向国际社会提供疫情防控帮助，分享抗疫经验，捐赠抗疫物资，派专家组参与国际疫情防控工作，向全世界展现了中国以人为本的理念，同时也体现了万众一心的中国力量、中国精神和中国效率。

此次疫情大考，中国人民心往一处想，劲往一处使，凝聚了巨大的抗击疫情的力量。在此背景下，军民是一家，全体官兵坚决贯彻党中央指示方针，敢于冲锋，敢打硬仗，积极支援地方预防和抗击疫情，展现了人民子弟兵对党和人民负责的政治本色。前线的医护人员冒着被感染的危险，无所畏惧，英勇作战，履行自己的职业誓言，表现出救死扶伤的崇高精神。新闻媒体坚持党性原则，牢牢把握疫情防控的正确价值取向，积极宣扬团结友爱的主旋律，为疫情防控任务提供坚强的思想保证和强大的精神力量。

面对百年变局和世纪疫情，中国迎难而上、众志成城，在以习近平同志为核心的党中央的坚强领导下，始终践行人民至上、生命至上的理念，科学精准抗击疫情，有效统筹疫情防控与经济社会发展，携手构建人类命运共同体，让世界看到"中国之治"的优势。风雨同舟、守望相助，是对生命的尊重，更是人民至上、生命至上的生动体现。人民是我们党执政的最大底气。人民至上不是一句空洞的口号，而是要落实到具体行动中。始终把人民群众放在第一位，始终坚持一切为了人民、一切依靠人民的人民情怀和执政理念，以人民至上的情怀和担当，为打赢疫情防控阻击战提供强有力的支持。

马克思主义群众史观充分肯定了人民群众作为社会历史发展创造者的主体作用，彰显出马克思主义的科学性、革命性和实践性。党的十八大以来，习近平

第二章 人民至上蕴含了中华优秀传统文化的民本思想

总书记在继承马克思主义群众史观、历代党和国家领导人丰富的人民思想以及汲取中华传统民本思想的基础上，形成了全面丰富、独具特色、系统创新的人民至上执政理念，并将其成功运用于中国特色社会主义实践，取得了举世瞩目的伟大成就。因此，人民至上执政理念作为习近平新时代中国特色社会主义思想的核心内容，不仅是对马克思主义群众史观的继承发展和理论创新，也是对马克思主义群众史观的全域拓展和实践创新，充分彰显出人民至上执政理念的时代张力、实践特质和现实意义。

第三章　坚持人民至上是中国共产党百年奋斗的历史经验

　　我反复强调，江山就是人民，人民就是江山，打江山、守江山，守的是人民的心，就是要告诫全党同志，对我们这样一个长期执政的党而言，没有比忘记初心使命、脱离群众更大的危险。只要我们始终同人民生死相依、休戚与共，人民就会铁心跟党走，党就能长盛不衰。全党同志要从党的百年奋斗史中不断体悟初心使命，贯彻好以人民为中心的发展思想，矢志不渝为实现中华民族伟大复兴而奋斗。

　　——习近平总书记在主持中共十九届中央政治局第三十一次集体学习时的讲话

　　回顾百年辉煌党史，中国共产党始终把人民的利益放在至高无上的地位，坚持人民至上，是中国共产党百年奋斗的根本历史经验总结。中国共产党的根基在人民、血脉在人民、力量在人民,人民是我们党执政的最大底气。中国共产党的历史,就是与人民同呼吸、共命运、心连心的历史。实现好、维护好和发展好人民的利益既是我们党继往开来、奋勇前进的不竭动力,也是党在革命、建设、改革各个历史时期获得群众信赖与支持的根本原因。在新时代和新发展阶段,只有坚持人民至上,依靠人民创造历史伟业,才能为实现中华民族伟大复兴的中国梦提供源源不断的力量。

一、新民主主义革命时期的为人民服务基本方针

政党是政治组织,本质上是特定阶级利益的集中代表者,这就决定了政治属性是政党的第一属性。中国共产党是无产阶级性质的政党,而无产阶级的解放是以全人类解放为前提的。回望筚路蓝缕的新民主主义革命时期,中国共产党作为工人阶级先锋队,在唯物史观的指导下秉持着马克思主义群众史观,责无旁贷地担负起为中国人民谋幸福、为中华民族谋复兴的历史重任,始终坚持为中国人民谋幸福、为中华民族谋复兴的初心和使命。

（一）坚持人民是历史的创造者

1921年中国共产党成立之初，全国的共产党员只有50多名，但从此这个马克思主义政党在中国大地深深扎下根来，在人民群众中生长、成熟和发展起来，成为一支不可战胜的伟大力量。中国共产党迅速深入到人民群众中去，组织领导工人运动、农民运动，密切同人民群众的联系。

工人大罢工是新民主主义革命时期践行马克思主义群众史观、得到人民拥护的一次实践。在全国第一次劳动大会前后，以1922年香港海员大罢工为起点，1923年京汉铁路工人大罢工为终点，掀起了中国工人运动的第一个高潮。在持续十三个月的时间里，全国发生大小罢工一百余次，参加人数在三十万以上。为了大力开展工人运动，中国共产党成立了"公开做职工运动的总机关"，即中国劳动组合书记部。其总部原设在上海，后来迁往北京，张国焘、邓中夏曾先后担任主任；下设北京、武汉、湖南、广东、上海等地方分部；其工作包括出版《劳动周刊》，举办工人学校，组织产业工会，开展上海英美烟厂、粤汉铁路武（昌）长（沙）段、汉口租界人力车夫等罢工斗争。[①]

[①] 中共中央党史研究室：《中国共产党的七十年》，中共党史出版社1991年版，第33—36页。

第三章 坚持人民至上是中国共产党百年奋斗的历史经验

党在集中力量领导工人运动的同时,到农村开展农民运动。浙江萧山衙前村农民大会于1921年9月召开,中国第一个新型农民组织宣告成立。1922年7月,彭湃在广东海丰县成立第一个秘密农会;到1923年5月,海丰、陆丰、惠阳三县很多地方建立了农会,会员达到20多万人。同年9月,湖南衡山县白果地区农民在水口山工人运动的鼓舞和党的领导下,成立岳北农工会,开展一系列斗争,树起湖南农民运动第一面旗帜。[①] 除此之外,党还组织了青年运动和妇女运动。

在这一时期,中国共产党进一步密切了同人民群众的内在联系,党的自身建设也由此得到加强。党所带领的人民群众运动的发展,进一步显示了中国人民积极坚定的革命性和顽强的战斗力,扩大了中国共产党在全国的政治影响,为党建立同其他革命力量的合作、掀起全国规模的大革命准备了一定的条件。

(二)坚持人民是社会变革的决定力量

为了改变中国人民的悲惨命运,仁人志士奔走呐喊,太平天国运动、戊戌变法、义和团运动、辛亥革

[①] 中国共产党简史编写组编:《中国共产党简史》,中共党史出版社2021年版,第18—19页。

命接连而起,各种救国方案轮番出台,但都以失败而告终。各种救国方案不断失败,让中国共产党深刻意识到,要让广大人民群众投入到革命中去,要依靠人民才能打胜仗,取得新民主主义革命的伟大胜利。"无论是当时的国民党,还是其他资产阶级和小资产阶级政治派别,都没有也不可能找到国家和民族的出路。只有中国共产党才给人民指出了中国的出路在于彻底推翻帝国主义、封建主义的反动统治,并进而转入社会主义。"[①] 在革命战争年代,全心全意为人民服务不仅是中国共产党的根本宗旨,也是中国共产党的最高行动准则。1934年毛泽东同志在第二次全国工农兵代表大会上指出,党的中心任务是"动员广大群众参加革命战争"以取得革命的最终胜利,只有动员群众、依靠群众才能进行战争,只有真心实意地拥护人民利益的政党才能获得人民的支持。

人民的力量是无穷的,动员人民为自己的解放事业而奋斗是革命取得胜利的重要保障。最典型的事迹就是人民"用小推车推出来"的胜利——淮海战役。淮海战役前,解放区基本完成了土地改革,翻身的农民获得了土地,表现出极高的革命热情。在前线,部

[①] 中共中央文献研究室编:《三中全会以来重要文献选编》(下),中央文献出版社2011年版,第124页。

第三章 坚持人民至上是中国共产党百年奋斗的历史经验

队干部勉励大家:"同志们到前方去,家里的生产生活完全像对待军属一样,给大家照管好,假如在前方牺牲,家属按烈属优待。希望同志们安心支前,克服困难,完成任务,光荣立功!"说罢,"支援解放军,解放全中国""打到哪里,支援到哪里"等激昂口号响彻动员会现场。在后方,老百姓克服重重困难,在人力、物力、财力等方面全力以赴支援人民子弟兵。后方群众日夜不停地筹集粮草,碾米磨面,加工军粮,赶做军鞋、军衣,还有大量的后备兵团,随时准备转入主力部队。① 作为解放战争中具有决定意义的重大战役之一,60万人民解放军之所以能够击败有着优势装备的80万国民党军,与人民群众的支持和帮助有着密不可分的关系。

毛泽东同志总结道:"革命战争是群众的战争,只有动员群众才能进行战争,只有依靠群众才能进行战争。"② 中国共产党的军队获得了人民全面的拥护,人民被动员起来所形成的强大力量带来了革命发展的光明前景。

---

① 丁洋洋、吴佳熹:《淮海战役:人民群众用小车推出来的胜利》,《学习时报》2022年6月20日。
② 《毛泽东选集》第一卷,人民出版社1991年版,第136页。

（三）坚持群众路线，全心全意为人民服务为党的宗旨

中国共产党之所以能获得广大群众的真心拥护和支持，就在于我们党把群众路线作为党的生命线和根本工作路线，全心全意为人民服务为党的根本宗旨，总是从人民的视角看问题，帮助广大人民群众解决实际困难。井冈山根据地的建设，既为中国革命探索出了农村包围城市、武装夺取政权这样一条正确道路，同时也对把握党同人民群众之间的血肉联系进行了积极探索。毛泽东同志对工农革命军要求改变过去军队只顾打仗的旧传统，担负起打仗消灭敌人、打土豪筹款子、做群众工作三项任务。这样，部队不仅打了胜仗，而且广泛发动群众解决了经济来源问题。毛泽东同志又总结部队从事群众工作的经验，规定了三大纪律、六项注意。三大纪律是：第一，行动听指挥；第二，不拿工人农民一点东西；第三，打土豪要归公。六项注意是：第一，上门板；第二，捆铺草；第三，说话和气；第四，买卖公平；第五，借东西要还；第六，损坏东西要赔。以后，六项注意又增加洗澡避女人和不搜俘虏腰包，发展成八项注意。这些规定体现

第三章 坚持人民至上是中国共产党百年奋斗的历史经验

了人民军队的本质。① 由于严格执行这些规定，工农革命军建立起同当地民众的密切关系，取得民众的信任和支持。

确立群众路线作为党的根本工作路线。作为具有人民性特征的政党，中国共产党历史性地肩负起人民解放和民族解放的革命任务。中国共产党第二次全国代表大会提出要建设一支革命的群众性的无产阶级政党的目标，以及党的一切工作必须深入群众的原则②，这是我们党的领导人首次使用"群众路线"这一概念。抗日战争时期，党的群众路线的基本内容开始不断完善和成熟，毛泽东同志1943年为中共中央起草的《关于领导方法的若干问题》中指出，"在我党的一切实际工作中，凡属正确的领导，必须是从群众中来，到群众中去"③，从辩证唯物主义认识论的高度对党的群众路线的工作方法进行了精辟概括。在中共七大闭幕词中，毛泽东同志特别指出共产党领导的抗日战争，是全民的抗战，只有动员群众，才能进行战争，只有依靠群众，才能进行战争，只有充分发挥人民群众的伟

---

① 中共中央党史研究室：《中国共产党的七十年》，中共党史出版社1991年版，第85—86页。
② 中共中央文献研究室、中央档案馆编：《建党以来重要文献选编（一九二一——九四九）》第一册，中央文献出版社2011年版，第134页。
③ 《毛泽东选集》第三卷，人民出版社2009年版，第899页。

大历史作用，才能取得抗日战争的伟大胜利。① 这既是对中国人民抗日战争和世界反法西斯战争历史经验的提炼，也是关于人民群众伟大历史作用的经典总结。

确立全心全意为人民服务为党的根本宗旨。毛泽东同志早在1939年《纪念白求恩》一文中就提出"从这点出发，就可以变为大有利于人民的人。一个人能力有大小，但只要有这点精神，就是一个高尚的人，一个纯粹的人，一个有道德的人，一个脱离了低级趣味的人，一个有益于人民的人"②，随后又在中央警备团追悼张思德的演讲中第一次从理论上深刻阐明了为人民服务的思想，指出我们共产党"完全是为着解放人民，是彻底地为人民的利益工作的"③。1945年4月在党的七大开幕词中，毛泽东同志说："我们应该谦虚、谨慎、戒骄、戒躁，全心全意地为中国人民服务，在现时，为着团结全国人民战胜日本侵略者，在将来，为着团结全国人民建设新民主主义的国家。"④ 在七大政治报告《论联合政府》中，他强调："全心全意地为人民服务，一刻也不脱离群众；一切从人民的利益出发，而不是从个人或小集团的利益出发；向人民负责

---

① 《毛泽东选集》第三卷，人民出版社2009年版，第1101—1104页。
② 《毛泽东选集》第二卷，人民出版社1991年版，第660页。
③ 尤国珍：《"为人民服务"的源与流》，《前线》2012年第10期。
④ 《毛泽东选集》第三卷，人民出版社1991年版，第1027页。

和向党的领导机关负责的一致性;这些就是我们的出发点。"①

二、社会主义革命和建设时期的人民主体思想

中华人民共和国的成立揭开了中国历史的新篇章。新生的人民政权如何能站得住脚,中国共产党如何能管好国家,社会主义革命和建设时期身体力行地用实践成果来对这个问题作出了深刻的回答:人民既是推动中国革命走向胜利的根本力量,也是社会主义建设中最活跃的因素。中国共产党动员一切力量促进国民经济恢复、制度变革和国家各项建设的展开,采取一系列积极稳健的政策措施,领导全国各族人民满怀信心地迎接挑战,开始了建设新中国的伟大斗争。

(一)党带领人民确立当家作主的社会主义制度,人民成为国家主人

人民的主体地位是需要制度的体现和保障的,党带领人民在新中国实行人民当家作主的政治制度。随着"三大改造"的基本完成,整个国家和社会面貌发生巨大的变化,党和国家顺应人民意志,社会主义制

---

① 《毛泽东选集》第三卷,人民出版社1991年版,第1094—1095页。

度全面确立,人民真正成为国家的主人。中国共产党领导全国人民建立和巩固了人民民主的政治制度,确立了人民民主原则和社会主义原则,确立了人民代表大会制度,从制度上保障了国家一切权力属于人民。同时确立和完善了包括中国共产党领导的多党合作和政治协商制度、基层群众自治制度等一系列制度体系,以民主选举、民主协商、民主决策、民主管理、民主监督的方式,将人民当家作主的目标贯穿于国家和社会治理全过程。这一系列举措保证了人民民主有序高效运行,开创了人民参与国家和社会事务管理的新机制,为人民当家作主提供了制度保证,促成了人民利益和人民意志的有机结合。同时针对革命胜利后党内存在各种程度的官僚主义和自由主义的工作作风,中国共产党在全党范围内进行开门整风,正是持之以恒地保持艰苦奋斗的优良传统和政治本色,才使我们党在极其困难的条件下仍旧赢得了广大人民群众的支持和拥护,使全心全意为人民服务的根本宗旨得到了巩固。

人民群众在历史上第一次成为国家主人后,展现出建设社会主义和保卫来之不易的幸福生活的极大积极性。其中波澜壮阔的抗美援朝战争,作为一场和我国全体人民的切身利益密切关联的战争,最具有典型意义。在抗美援朝战争中,杨根思毅然决然抱起炸药包,与敌人同归于尽;黄继光舍生取义,用身躯堵住敌人的枪眼;邱少云在火光之中岿然不动,直至壮烈牺牲;毛泽东同志的长子毛岸英第一批入朝参战,英勇牺牲在朝鲜战场;等等。30多万名英雄功臣和近6000个功臣集体用生命坚守阵地,只因为了祖国人民,决不能后退一步。在国内,亿万民众更是辛勤工作,无私支援保家卫国战争。抗美援朝战争伟大胜利,充分展示了中国人民万众一心的顽强品格,是中国人民站起来后屹立于世界东方的宣言书,是中华民族走向伟大复兴的重要里程碑,对中国和世界都有着重大而深远的意义。

(二)党带领人民开辟经济发展新局面,人民积极投身建设新中国

人民既是推动中国革命走向胜利的根本力量,也是社会主义建设最活跃的主体力量。在社会主义革命和建设时期,党带领人民不断开辟经济发展的新面貌,同时随着社会主义制度的确立与完善,人民群众参加社会主义建设事业的积极性和主动性大幅跃升。

在中国共产党带领人民取得了对农业、手工业和资本主义工商业的社会主义改造的全面胜利之后,我

国的无产阶级同资产阶级之间的矛盾已经基本上解决，几千年来的阶级剥削制度的历史已经基本上结束，社会主义的社会制度在我国已经基本上建立起来了。国内的主要矛盾已经转化为人民对于建立先进的工业国的要求同落后的农业国的现实之间的矛盾，已经是人民对于经济文化迅速发展的需要同当前经济文化不能满足人民需要的状况之间的矛盾。这一矛盾的实质，在我国社会主义制度已经建立的情况下，也就是先进的社会主义制度同落后的社会生产力之间的矛盾。

1964年年底至1965年年初，第三届全国人大一次会议郑重提出了"四个现代化"的历史任务。"四个现代化"所要面对的是中国长期一穷二白的现状，旨在大力发展生产力，从根本上提高人民生活水平。周恩来在政府工作报告中代表党中央、国务院宣布："在不太长的历史时期内，把我国建设成为一个具有现代农业、现代工业、现代国防和现代科学技术的社会主义强国，赶上和超过世界先进水平。"[①] 中央还确定了分两步走实现现代化的战略构想，即从第三个五年计划开始，第一步，经过三个五年计划时期，建立一个独立的比较完整的工业体系和国民经济体系；第二步，

---

① 中共中央党史研究室：《中国共产党的九十年：社会主义革命和建设时期》，中共党史出版社、党建读物出版社2016年版，第536页。

第三章 坚持人民至上是中国共产党百年奋斗的历史经验

全面实现农业、工业、国防和科学技术的现代化，使我国国民经济走在世界前列。

社会主义现代化的战略目标和分两步走的战略构想的确立，使社会主义的建设目标以"四个现代化"的形式清晰地展现在全国人民面前，这是党在领导社会主义建设进程中作出的重大决策。"四个现代化"从此成为中国共产党和全国各族人民的共同奋斗目标，成为凝聚和团结全国各族人民不懈奋斗的强大精神力量。

人民群众在社会主义革命和建设期间发挥主动性、创造性建设新中国的事例不胜枚举。作为"中国航天之父""中国导弹之父""中国自动化控制之父"和"火箭之王"的钱学森，在面对美国人的威胁时毫不犹豫地回答"我效忠中国人民"，历经千难万险回到祖国，迫不及待地投身到祖国的航空、国防建设之中。在短短的 12 年里，中国在经济基础薄弱的状况下，在缺乏知识和技术的条件下，在外国专家突然撤走的情况下，战胜各种艰难险阻成功地发射了导弹、原子弹和人造地球卫星，让世人为之惊叹。"最美奋斗者"、山东金乡籍革命烈士王杰在日记中写道："我们要一不怕苦，二不怕死。做一个大无畏的人。"1965 年 7 月，王杰到江苏省邳县（今邳州市）张楼公社帮助民兵地雷班进行埋排雷和爆破训练时,当炸药包即将发生意外爆炸的危急关头,为了保护在场的12名民兵和人民武装干部,他临危不惧,毅然扑向炸药包,英勇牺牲,献出年仅23岁的生命。在这一时期之所以能取得巨大的成就,与中国共产党坚持以人民为主体,从人民群众的根本利益出发,调动人民投身于祖国建设事业的积极性密不可分。

三、改革开放和社会主义现代化建设新时期的以人为本思想

恩格斯早就指出,社会主义社会同其他社会一样,不是一成不变的,而是需要不断发展和改革的社会。[①] 中国共产党为了实现好、维护好、发展好最广大人民的根本利益,党的十一届三中全会作出把党的工作重心转移到经济建设上来,实行改革开放的历史性决策,实现了新中国成立以来党的历史上具有深远意义的伟大转折,开启了我国改革开放和社会主义现代化建设新时期。

以邓小平同志为主要代表的中国共产党人,团结

---

① 《马克思恩格斯文集》第十卷,人民出版社2009年版,第558页。

第三章　坚持人民至上是中国共产党百年奋斗的历史经验

带领全国各族人民成功开创了中国特色社会主义，坚守人民立场，关注人民利益问题，高度尊重人民的首创精神，团结带领人民深刻总结历史经验，进行改革开放新的伟大革命。历史证明，改革开放是决定当代中国命运的关键一招，不只夺取革命斗争的胜利离不开人民群众，改革开放建设同样也离不开群众。

（一）坚定以人民为中心的立场

在改革开放和社会主义现代化建设新时期，中国共产党坚守着人民立场，将人民的利益置于重要位置，对如何保持与人民群众血肉联系等问题进行了与时俱进的思考与实践，形成并发展了以人民为中心的中国特色社会主义理论体系。站在人民群众的立场上，一切为了人民、一切依靠人民，是中国特色社会主义理论体系的根本出发点和落脚点，也是中国特色社会主义事业不断取得胜利的一个重要法宝。

1992年邓小平同志在视察南方的重要谈话中，创造性地总结出"三个有利于"标准，即"是否有利于发展社会主义社会的生产力，是否有利于增强社会主义国家的综合国力，是否有利于提高人民的生活水平"[1]，这三项既是判断、衡量一切是非的标准，也是

---

[1] 《邓小平文选》第三卷，人民出版社1993年版，第370—383页。

制定一切方针政策的前提,解决了阻碍改革开放前进的"姓资姓社"问题。在邓小平同志引领的两次思想解放运动中,既破除了个人崇拜,让人民找到自己存在的价值,也强调了市场经济机制是能让人充分发挥自己的潜能的活力机制,给人民提供了更大的自由空间来争取社会利益。[①]

以江泽民同志为核心的党的第三代中央领导集体,集中全党的智慧,创立了"三个代表"重要思想,将为人民服务的理论体系提升到新的时代高度。"三个代表"重要思想坚持马克思主义关于无产阶级政党必须植根于人民的政治立场,进行了新的充实与发展。"三个代表"重要思想把发展先进生产力、发展先进文化、实现最广大人民的根本利益同坚持党的先进性联系在一起,并且上升到党的性质和宗旨的高度,提出马克思主义政党的一切理论和奋斗都应致力于实现最广大人民的根本利益。

在新世纪新阶段,中国共产党人立足人民对美好生活的愿望,对进一步提升人民物质文化生活水平进行了系统筹划。胡锦涛同志根据社会变化发展的实际,提出科学发展观,把实现人的全面发展摆在国家发展

[①] 傅治平:《邓小平理论是为人民服务的理论》,《中央社会主义学院学报》2001年第1期。

的核心位置,要求坚持以人为本的核心立场,并把以改善民生为重点的社会建设纳入国家建设体系,主张实现又好又快的发展,在新时期进一步深化了"以人为本"的价值理念。在改革开放和社会主义现代化建设新时期,通过深刻的民生实践,广大人民群众在中国共产党的带领下取得了新的成就。

(二)关注人民利益问题

通过总结党的历史奋斗经验,深知要坚持党的人民性必须关注人民利益问题。经济体制的改革,首先在农村取得突破性进展。1978年12月的一个冬夜,安徽省凤阳县小岗村18位村民以敢为天下先的勇气,在一纸分田到户的"秘密契约"上按下鲜红的手印:"我们分田到户,每户户主签字盖章,如以后能干,每户保证完成每户的全年上交和公粮,不再向国家伸手要钱要粮。如不成,我们干部坐牢杀头也甘心,大家社员也保证把我们的小孩养活到十八岁"[①]。当时的小岗,"吃粮靠返销、用钱靠救济、生产靠贷款",是远近闻名的"三靠村",因经常闹灾荒,村民大多外出乞讨。这18位村民万万没有想到,他们因饥饿而被迫立下的

---

① 《小岗村18户村民:"大包干"带头人(奋斗百年路 启航新征程·数风流人物)》,《人民日报》2021年6月5日。

这份"生死契约",竟成了中国农村改革的第一份宣言书。

"大包干"的红手印,定格了家庭联产承包责任制作为中国农村改革的起点,唤醒了沉睡的大地,小岗村的星星之火,迅速蔓延到全国。农村家庭联产承包责任制实行以后,集体所有的土地被长期包给各家农户使用,农业生产基本上变为分户经营、自负盈亏,农民生产的东西,"保证国家的,留足集体的,剩下都是自己的"[①]。这种责任制使农民获得生产和分配的自主权,把农民的责、权、利紧密结合起来,既发挥集体经济的优越性,又发挥农民家庭经营的积极性。

除此之外,改革开放中涌现的乡镇企业也是人民群众发挥首创性的成果,时至今日,中国的民营企业已经不断发展壮大,成为我国社会主义市场经济的重要组成部分。20世纪80年代以来,中国乡镇企业利用了乡村的自然、社会资源,促进了乡村经济繁荣,吸收了乡村众多劳动力,推动了人民物质生活水平的提高。这些反映人民意愿、代表人民利益、体现人民智慧的好政策、好制度都受到人民群众的普遍欢迎,为之后农村经济体制发展打下扎实的基础。

---

① 中共中央党史研究室:《中国共产党的七十年》,中共党史出版社1991年版,第489页。

第三章 坚持人民至上是中国共产党百年奋斗的历史经验

城市经济体制的改革方面,最能体现人民群众为解决自身吃饭和收入问题的是鼓励私营工商业发展这一举措。当时牵着"黄鱼车"跑到杭州街头卖冰棒的宗庆后未曾预料到在这波改革开放的热潮中,自己创立的娃哈哈集团日后将是中国最大的饮料企业。1986年,徐冠巨靠一口缸和自行车起家,跟随着父亲徐传化靠2000元贷款办起了以液体皂为原料的家庭作坊。而这家稍显简陋的家庭作坊,正是日后的传化集团前身。南存辉,从一个13岁辍学修鞋挣钱养家的小鞋匠起步,在市场经济的浪潮中搏击、锤炼,抓住改革开放、社会主义市场经济的机遇,以浙商与生俱来的吃苦耐劳、敢闯敢干的拼搏精神,让正泰成为今天中国电器王国里的骄子。中国特色社会主义事业因广大人民群众的积极参与而越发发展壮大起来,通过人民不断贡献的智慧和汗水创造出一个又一个的奇迹。

四、中国特色社会主义新时代的以人民为中心思想

从"全心全意为人民服务"的宗旨目标到"三个有利于"判断标准的提出、"三个代表"重要思想的阐述、"以人为本"科学发展观的实践,这些都是中国

共产党在执政的过程中不断践行人民思想的结晶，彰显了中国共产党以人民为中心思想的继承性、实践性、时代性。到2012年，党的十八大徐徐拉开了中国特色社会主义新时代的大幕，围绕实现社会主义现代化和中华民族伟大复兴的总任务，一系列理论创新和实践创新相继展开。

（一）始终坚持为人民利益和幸福而奋斗

对幸福生活的追求是推动人类文明进步最持久的力量。人民群众对自身利益的追求是一切社会活动开展的直接动因，是促进社会历史发展的内在驱动力。纵观历史，我们党干革命、搞建设、抓改革，都是为人民谋利益，想让人民过上好日子。中国共产党没有自己的特殊利益，自成立之日起，就始终把人民利益作为最高价值标准。党的十八大以来，以习近平同志为核心的党中央也一再强调，要"不忘初心、牢记使命"。

把人民对美好生活的向往作为奋斗目标，要坚持为人民的利益和幸福而奋斗。进入新时代，人民对美好生活的向往更加强烈，期盼有更好的教育、更稳定的工作、更满意的收入、更可靠的社会保障、更高水平的医疗卫生服务、更舒适的居住条件、更优美的环境、更丰富的精神文化生活，期盼孩子们能成长得更好、工作得更好、生活得更好。人民美好生活的需要作为新时代我国社会主要矛盾的一个方面，成为新时代人民利益的主要内容，是党维护和发展人民利益的着力点。这就要求把握人民从"有没有"向"好不好"的消费升级需求，把握人民群众从"吃饱""穿暖"的需求拓展为民主、法治、公平、正义、安全、环境等多方面需要，就是要着力补齐城乡发展、区域发展、收入分配、文化建设、生态文明建设中的短板，解决这些领域发展的不平衡不充分问题。

从打赢脱贫攻坚战到全面推进乡村振兴，新时代的中国正在合力描绘更加美好的时代画卷。2013年11月3日，正是在十八洞村，习近平总书记首次提出"精准扶贫"概念。他说："发展是甩掉贫困帽子的总办法，贫困地区要从实际出发，因地制宜，把种什么、养什么、从哪里增收想明白，帮助乡亲们寻找脱贫致富的好路子。"[1] 10年间，全村形成了旅游、山泉水、劳务、种养、苗绣五个产业，2021年人均收入20167元，村集体经济收入268万元，十八洞村实现了从深度贫困村到小康示范村寨的"华丽转身"。党的十八大以来，以

---

[1] 《习近平在湖南考察时强调：深化改革开放推进创新驱动实现全年经济社会发展目标》，《人民日报》2013年11月6日。

习近平同志为核心的党中央把脱贫攻坚摆在治国理政的突出位置，作为全面建成小康社会的底线任务，组织开展了气壮山河的脱贫攻坚人民战争。现行标准下9899万农村贫困人口全部脱贫，我国历史性告别绝对贫困，这是彪炳史册的人间奇迹。

（二）伟大中国梦要依靠人民创造伟业

2012年11月29日，习近平总书记在参观《复兴之路》展览时首次提出并阐述实现中华民族伟大复兴的中国梦，指出："实现中华民族伟大复兴，就是中华民族近代以来最伟大的梦想。这个梦想，凝聚了几代中国人的夙愿，体现了中华民族和中国人民的整体利益，是每一个中华儿女的共同期盼。"[1] 中国梦的提出，贯通了中华民族的昨天、今天和明天，传递出中国共产党在新时代带领人民勇担民族复兴使命的坚定决心和信心。中国梦把国家的追求、民族的向往、人民的期盼融为一体，表达了每一个中华儿女的共同愿景，成为激荡在中国人民心中的高昂旋律，成为中华民族团结奋斗的最大公约数和最大同心圆，成为激励中华儿女团结奋进、开辟未来的一面精神旗帜。

---

[1] 中共中央文献研究室编：《习近平关于实现中华民族伟大复兴的中国梦论述摘编》，中央文献出版社2013年版，第3页。

第三章　坚持人民至上是中国共产党百年奋斗的历史经验

人民是历史的创造者，依靠人民创造伟业，最大限度地充分发挥每一个人的聪明才智，也是中国共产党发展至今的制胜经验。2019年袁隆平被授予"共和国勋章"，是党和人民对其贡献的最高肯定。"我梦见我们种的水稻，长得跟高粱一样高，穗子像扫把那么长，颗粒像花生米那么大，我和助手们就坐在稻穗下乘凉。"[①] 作为"杂交水稻之父"，关于水稻的梦贯穿了他的一生，一做就是四十多年。他的成就不仅是中国的骄傲，也是全世界的骄傲，他的成就给全人类带来了福音。袁隆平自己却说：在杂交水稻的研究推广过程中，无论从人力、物力、财力上都得到了党和国家的高度重视，这是杂交水稻得以成功的最大关键。

回顾袁隆平的研究工作，党和政府一直关心和支持他的研究。早在"文革"期间遇到困难时就受到周总理多次关心。改革开放时期邓小平同志也多次肯定杂交水稻的潜力。1991年江泽民同志到湖南农业科学院考察时也表示看到了农业的希望。习近平同志早在1998年首次见到袁隆平时就表示十分关心种业问题，之后赴海南科研育种基地视察，并于2020年向袁隆平授予"共和国勋章"这一至高无上的荣誉。袁隆平研

---

① 《袁隆平：一粒种子的承诺》，2007年5月23日，https://www.gmw.cn/01gmrb/2007-05/23/content_ 611070. htm。

究杂交水稻的过程体现了中国共产党人历来坚信人民是历史的创造者的基本理念，敢于和善于放手发动群众，调动最广大人民群众的积极性。

（三）坚持生命至上，保障人民生命安全和身体健康

人民至上和生命至上是相互依存的手心手背的关系。没有人民至上，生命至上就没有主体；生命至上如果不落实到具体的人民身上，就失去了它的根本意义；没有生命至上，人民至上就没有本体，只有将生命至上落到实处，人民至上才有抓手，经济社会发展才有意义。坚持人民至上、生命至上，是中国共产党执政为民理念的最好诠释。

改革开放后，随着经济转轨社会转型、市场经济负面效应刺激，境外敌对黑势力渗透及社会管理能力的局限等因素，打击黑恶势力虽取得了阶段性成果，但其在一些地方、行业、领域滋生蔓延，并呈现新动向。2018年开始，全国开展为期三年的全国扫黑除恶专项斗争，事关社会大局稳定和国家长治久安，事关人心向背和基层政权巩固。经过三年不懈努力，黑恶势力违法犯罪，特别是农村涉黑涉恶问题得到根本遏制，城乡接合部等涉黑涉恶治安乱点得到全面整治，

第三章　坚持人民至上是中国共产党百年奋斗的历史经验

重点行业、重点领域管理得到明显加强，人民群众安全感、满意度明显提升。人民对美好生活的向往是我们党的奋斗目标，必须扫黑除恶，必须充分保护人民群众的人身权、财产权、人格权，一切为了人民，让人民安居乐业，有安全感、幸福感。

环境就是民生，青山就是美丽，蓝天也是幸福。生态文明建设关系百姓福祉，关乎民族未来。坚持绿色发展，说到底是为了造福人民，更好满足人民群众对美好生活的向往。习近平总书记在主持十九届中共中央政治局第二十九次集体学习时强调："生态环境保护和经济发展是辩证统一、相辅相成的，建设生态文明、推动绿色低碳循环发展，不仅可以满足人民日益增长的优美生态环境需要，而且可以推动实现更高质量、更有效率、更加公平、更可持续、更为安全的发展，走出一条生产发展、生活富裕、生态良好的文明发展道路。"[①] 为了满足人民日益增长的优美生态环境需要，我们走出了一条经济与生态、开发与保护、健康与发展兼顾的新路径。

近年来，面对突如其来的新冠疫情，以习近平同志为核心的党中央从一开始就鲜明提出把人民生命安

---

① 《习近平在中共中央政治局第二十九次集体学习时强调　保持生态文明建设战略定力　努力建设人与自然和谐共生的现代化》，《人民日报》2021年5月2日。

全和身体健康放在第一位，同时间赛跑、与病魔较量。在这场史无前例的防控疫情斗争初期，中国共产党以身作则、率先垂范，党中央领导集体精心部署，制定了一个个科学防控、精准防控的方案和措施，最大限度保护了人民生命安全和身体健康，统筹疫情防控和经济社会发展取得重大积极成果。

（四）百年大党何以成功、何以继续成功

习近平总书记指出："从建党的开天辟地，到新中国成立的改天换地，到改革开放的翻天覆地，再到党的十八大以来党和国家事业取得历史性成就、发生历史性变革，根本原因就在于我们党始终坚守了为中国人民谋幸福、为中华民族谋复兴的初心和使命。"[1] 通过在本章前文探讨的中国共产党与中国人民风雨同舟的百年奋斗史，多角度探寻中国共产党依靠人民发展壮大之路，为我们解答了中国共产党作为百年大党何以成功、何以继续成功的原因。

中国共产党从未忘记自己的初心和使命。中国共产党诞生于国家内忧外患之际、民族危难之时，从诞生之日起就把为中国人民谋幸福、为中华民族谋复兴作为自己的初心和使命。这个初心和使命是激励中国

---

[1] 《习近平谈治国理政》第四卷，外文出版社2022年版，第43页。

共产党人不断前进的根本动力。"历史和现实都告诉我们,只要紧紧依靠人民、一切为了人民,充分激发广大人民顽强不屈的意志和坚韧不拔的毅力,我们就一定能够使最广大人民紧密团结在一起,不断创造中华民族新的历史辉煌。"①

中国共产党始终坚持人民至上的立场。习近平总书记强调:"群众路线是我们党的生命线和根本工作路线,是我们党永葆青春活力和战斗力的重要传家宝。"②党的十八大以来,以习近平同志为核心的党中央坚持以人民为中心的发展思想,把人民对美好生活的向往作为奋斗目标,从人民最关心最直接、最现实的利益问题入手,真抓实干解民忧、纾民怨、暖民心,人民群众获得感、幸福感、安全感大大提升,充分彰显了中国共产党人不忘初心、牢记使命的自觉担当。

中国共产党不断推进马克思主义中国化,用科学的理论武装自身。回顾党的奋斗历程可以发现,中国共产党之所以能够历经艰难困苦而不断发展壮大,很重要的一个原因就是始终重视思想建党、理论强党,坚持不懈用党的创新理论最新成果武装头脑、指导实

---

① 《习近平谈治国理政》第四卷,外文出版社2022年版,第102页。
② 《在纪念毛泽东同志诞辰120周年座谈会上的讲话》,《人民日报》2013年12月27日。

践，使全党始终保持统一的思想、坚定的意志、协调的行动、强大的战斗力。可以说，中国共产党的百年历史，是一部不断推进马克思主义中国化的历史，是一部不断推进理论创新、进行理论创造的历史。

中国共产党始终坚持自我革命，坚持全面从严治党。党的十八大以来，以习近平同志为核心的党中央加强全面从严治党，加强思想建设，铸牢以人民为中心的理想信念。总结党的历史经验可以发现，中国共产党之所以伟大，不在于不犯错误，而在于从不讳疾忌医，直面自身存在的问题，勇于进行自我革命，敢于清除一切侵蚀党的健康肌体的病毒，从而不断增强自我净化、自我完善、自我革新、自我提高的能力。坚定党要永远保持共产党人的奋斗精神，永远保持对人民的赤子之心，始终把人民利益摆在至高无上的地位，始终同人民想在一起、干在一起，以人民忧乐为忧乐，以人民甘苦为甘苦，努力为人民创造更美好、更幸福的生活。

第四章　始终坚持全心全意为人民服务的根本宗旨

　　我们党来自人民、扎根人民、造福人民，全心全意为人民服务是党的根本宗旨，必须以最广大人民根本利益为我们一切工作的根本出发点和落脚点，坚持把人民拥护不拥护、赞成不赞成、高兴不高兴作为制定政策的依据，顺应民心、尊重民意、关注民情、致力民生，既通过提出并贯彻正确的理论和路线方针政策带领人民前进，又从人民实践创造和发展要求中获得前进动力，让人民共享改革开放成果，激励人民更加自觉地投身改革开放和社会主义现代化建设事业。
　　——习近平总书记在庆祝改革开放40周年大会上的讲话

　　坚持人民至上，既体现在党的性质、宗旨和重大方针政策上，又展现在贯彻落实人民当家作主的各项制度里，更彰显在中国共产党人的切实行动中。中国共产党来自人民、扎根人民、造福人民，始终坚持全心全意为人民服务的根本宗旨，不断强化为人民执政、靠人民执政的制度保障，始终坚持群众路线这一党的生命线及根本工作路线，把自己的根基牢牢扎在最广大人民当中，一切依靠群众、一切为了群众，从群众中来、到群众中去，始终保持同人民群众的血肉联系，不断把中国特色社会主义这一党和人民事业推向深入。

一、中国共产党始终代表最广大人民根本利益

中国共产党之所以得到了人民的拥护和支持，最根本的原因就在于中国共产党始终坚持全心全意为人民服务的根本宗旨，始终代表着人民群众的根本利益。任何一个政党都以特定阶级为基础，是特定阶级利益的集中体现。为无产阶级和广大人民群众谋利益，还是为少数人或小集团谋利益，是无产阶级政党与其他一切政党的根本区别。在马克思和恩格斯看来，无产阶级的运动是为绝大多数人谋利益的独立的运动[①]，人民的利益就是共产党人的利益，

[①] 《马克思恩格斯文集》第二卷，人民出版社2009年版，第42页。

就是共产党人的毕生追求。

（一）始终代表最广大人民的根本利益是中国共产党的独特优势

中国共产党是用马克思主义武装的无产阶级政党。调动一切可以调动的积极因素，团结一切可以团结的力量，凝聚起推动社会发展的强大合力，是中国共产党的独特优势。中国共产党为人民大众的利益而生，在实现和维护人民大众的利益中巩固和发展。党从成立那天起，就坚持为人民服务，在任何时候都把人民群众的利益放在第一位，并时时刻刻贯彻在每一位中国共产党人为人民服务的实践中，鼓舞广大人民群众奋力投身建设中国特色社会主义、实现中华民族复兴的伟大征程。习近平总书记指出："我们党之所以得到人民拥护和支持，从根本上说，就是因为能始终代表中国最广大人民根本利益，就是坚持群众是真正的英雄，尊重人民首创精神，最广泛动员和组织人民投身到党领导的伟大事业中来。"[1]

---

[1] 习近平：《论中国共产党历史》，中央文献出版社2021年版，第19页。

（二）为最广大人民群众谋利益是中国共产党的指导思想和行为准则

中国共产党是马克思主义的政党，为人民大众的利益而生，在实现和维护人民大众的利益中巩固和发展。因此，中国共产党人始终把坚持全心全意为人民服务作为唯一行动准则。中国共产党诞生于中华民族危难之中，为了解救苦难深重的中国人民，推翻压在中国人民头上的帝国主义、封建主义和官僚资本主义"三座大山"，在马克思列宁主义指导下，中国先进知识分子冒着极大的生命危险，建立了中国共产党这个无产阶级政党，以马克思主义武装其思想，为了党和人民的事业，抛头颅、洒热血，为中国人民的解放和新中国的建立作出了巨大牺牲。全心全意为最广大人民群众谋利益，是党成立以来一贯的指导思想和行为准则。党的一大纲领写道："革命军队必须与无产阶级一起推翻资本家阶级的政权。"[①] 1922年党的二大宣言中，我们党明确指出中国共产党是代表中国无产阶级及贫苦农民群众利益而奋斗的先锋军，始终代表最广大人民的利益。党的二大通过的《关于共产党的组织

[①] 中共中央文献研究室、中央档案馆编：《建党以来重要文献选编（一九二一——一九四九）》第一册，中央文献出版社2011年版，第1页。

章程决议案》强调,"党的一切运动都必须深入到广大的群众里面去"[①]。1944年,在著名的《为人民服务》演讲中,毛泽东同志指出,"我们这个队伍完全是为着解放人民的,是彻底地为人民的利益工作的"[②]。党的七大通过的《中国共产党章程》也明确规定,"中国共产党代表中国民族与中国人民的利益"[③],以简洁的文字阐明了中国共产党全心全意为人民服务的宗旨。

(三)全心全意为人民服务是中国共产党的根本宗旨

新中国成立后,在社会主义革命和建设的过程中,毛泽东同志不断告诫全党同志要关心人民群众的疾苦,防止党脱离人民、背叛人民,要把为民造福作为中国共产党的历史使命。1956年9月16日,邓小平同志在《关于修改党的章程的报告》中就曾指出:"我们是为人民群众的利益而工作。"[④]邓小平同志把坚持人民利益高于一切、全心全意为人民谋利益作为中国共产党

---

① 中共中央文献研究室、中央档案馆编:《建党以来重要文献选编(一九二一——九四九)》第一册,中央文献出版社2011年版,第162页。
② 《毛泽东选集》第三卷,人民出版社1991年版,第1004页。
③ 中共中央文献研究室、中央档案馆编:《建党以来重要文献选编(一九二一——九四九)》第二十二册,中央文献出版社2011年版,第533页。
④ 《邓小平文选》第一卷,人民出版社1994年版,第250页。

人的最高准则和根本目的，并强调把人民利益放在一切工作的首位是党存在和发展的根本前提。在实际工作中，邓小平同志时刻关注广大人民的利益和愿望，提出了"三个有利于"判断标准，并把人民拥护不拥护、赞成不赞成、高兴不高兴、答应不答应作为制定各项方针政策的出发点和归宿，拓展了中国共产党作为中国各族人民利益的忠实代表的内涵。在改革开放新的历史条件下，江泽民同志强调："在任何时候任何情况下，都必须坚持党的群众路线，坚持全心全意为人民服务的宗旨，把实现人民群众的利益作为一切工作的出发点和归宿。"[①] 他指出，中国共产党始终代表中国最广大人民的根本利益，这一重要思想丰富了党的性质和内涵，进一步深化了人民至上的价值立场。

党的十六大以来，胡锦涛同志在领导全党全国进行中国特色社会主义建设与改革实践中，以自身实践凸显了其为民执政的理念，他提出的"四个一定"，不仅充分体现了党全心全意为人民服务的宗旨、凸显了党要通过自我革命而不断提高执政能力的鲜明特征，更强调了党要密切保持同人民群众的血肉联系，增强

---

① 《江泽民文选》第三卷，人民出版社2006年版，第572页。

第四章　始终坚持全心全意为人民服务的根本宗旨

党的凝聚力和战斗力,让广大人民群众切身感受到党执政为民的宗旨。在庆祝中国共产党成立 90 周年大会上的讲话中,再次重申:"坚持为了人民、依靠人民,诚心诚意为人民谋利益,从人民群众中汲取智慧和力量,始终保持党同人民群众的血肉联系。"①

中国特色社会主义进入新时代后,习近平总书记将全心全意为人民服务的思想推向新境界,提出以人民为中心的发展思想,强调坚持人民至上理念。在庆祝中国共产党成立 100 周年大会上的重要讲话中,习近平总书记指出:"中国共产党始终代表最广大人民根本利益,与人民休戚与共、生死相依,没有任何自己特殊的利益,从来不代表任何利益集团、任何权势团体、任何特权阶层的利益。"② 自担任党的总书记伊始,他就向全党和全国人民庄严承诺:"人民对美好生活的向往,就是我们的奋斗目标。"③ 以习近平同志为核心的党中央牢牢践行为人民谋幸福的使命,任何时候都将群众利益放在第一位,始终同人民群众站在一起、想在一起、干在一起。党的二十大更是强调了,"我们要实现好、维护好、发展好最广大人民根本利益,紧

---

① 《胡锦涛文选》第三卷,人民出版社 2016 年版,第 528 页。
② 《习近平谈治国理政》第四卷,外文出版社 2022 年版,第 9 页。
③ 《习近平谈治国理政》,外文出版社 2014 年版,第 4 页。

紧抓住人民最关心最直接最现实的利益问题"①。

历史充分证明，中国人民之所以能够实现民族独立和人民解放、走上建设中国特色社会主义的正确道路，中国之所以能够在革命、建设和改革的不同历史时期取得一个又一个胜利成果，正是因为中国共产党始终代表最广大人民的根本利益，始终坚持把人民的利益放在第一位。违背人民根本利益，党就会失去人民的拥护和支持，党的事业必然遭受挫折；坚持代表人民根本利益，党就能将人民力量团结起来，凝聚群众的力量，稳固党的执政之基，最终战胜各种艰难险阻而立于不败之地。

二、坚持为人民执政、靠人民执政

党的十九届六中全会通过的《中共中央关于党的百年奋斗重大成就和历史经验的决议》将"人民至上"总结为中国共产党百年奋斗的历史经验之一，提出"坚持为人民执政、靠人民执政"②，充分体现了中

---

① 习近平：《高举中国特色社会主义伟大旗帜　为全面建设社会主义现代化国家而团结奋斗——在中国共产党第二十次全国代表大会上的报告》，人民出版社2022年版，第46页。
② 《中共中央关于党的百年奋斗重大成就和历史经验的决议》，人民出版社2021年版，第66页。

国共产党执政的人民性,充分显示了以人民为中心的执政理念,是对我们党坚持人民至上的历史经验的科学总结,是维护好最广大人民群众的根本利益、贯彻全心全意为人民服务的具体表现,是对共产党执政规律认识的全面深化,更是走好新时代"赶考之路"的根本遵循。

(一)为人民执政是根本要求

中国共产党是以马克思主义武装自身的革命政党,始终代表最广大人民根本利益,始终坚持人民至上的根本立场,始终坚持全心全意为人民服务的根本宗旨。"执政为民"归根结底,就是实现好、维护好和发展好最广大人民的根本利益。我们党自成立之日起,就旗帜鲜明地把"为人民谋幸福、为民族谋复兴"作为自己的初心和使命,"始终坚持共产主义理想和社会主义信念,团结带领全国各族人民为争取民族独立、人民解放和实现国家富强、人民幸福而不懈奋斗"[①]。

坚持人民至上,人民利益高于一切。中国共产党的一切优良传统和行动准则,都是从全心全意为人民服务这个"本"上生发出来的。党的十八大以来,习

[①] 《中共中央关于党的百年奋斗重大成就和历史经验的决议》,《人民日报》2021年11月17日。

近平总书记在治国理政的伟大实践中，始终坚持人民至上、以人民为中心的执政理念，从带领全党全国各族人民打赢脱贫攻坚战，到解决人民最关心、最直接、最现实的民生保障问题，从推进平安中国、健康中国、美丽中国建设到亲自指挥、亲自部署打赢疫情防控总体战，从开展党的群众路线教育实践活动到开展党史学习教育，从统筹推进"五位一体"总体布局到协调推进"四个全面"战略布局，体现的都是以人民为中心，一以贯之地为人民尽心尽责，把人民放在心中最高位置，切实保障人民群众实际利益。

（二）靠人民执政是最大底气

马克思强调，人民群众是历史的创造者，是推动社会历史发展的决定性力量。[①] 人民群众是我们党领导和执政的力量之源，是决定党和国家事业盛衰兴亡的胜利之本。为了更好体现人民群众的主体地位，发挥人民群众的积极性和主动性，为我们党执政之路汇聚更多群众智慧，就必须坚持群众路线这一党的生命线及根本工作路线，密切联系群众，始终保持同人民群众的血肉联系。习近平总书记指出："群众路线本质上体现的是马克思主义关于人民群众是历史的创造者这

[①]《马克思恩格斯文集》第一卷，人民出版社2009年版，第287页。

一基本原理。只有坚持这一基本原理,我们才能把握历史前进的基本规律。只有按历史规律办事,我们才能无往而不胜。"① 党的十九大报告也明确提出,"把党的群众路线贯彻到治国理政全部活动之中"②。

人民是我们党执政的最大底气。为此,党采取了一系列富有开创性、战略性的重大举措来广泛拓宽了解民意、体现民愿的渠道。为了保证集中民智,凝聚民心,我国全力推行全过程人民民主,实现了过程民主和成果民主、程序民主和实质民主、直接民主和间接民主、人民民主和国家意志相统一,是全链条、全方位、全覆盖的民主,是最广泛、最真实、最管用的社会主义民主,有力地保证人民在国家和社会事务中广泛、持续、多形式的参与,保障人民充分表达政治意愿,更好地满足人民广泛参与民主生活的要求。经过持续的努力,党和人民更加团结一心,党心民心进一步凝聚,共同谱写了新时代中国特色社会主义的绚丽华章。

(三)健全为人民执政、靠人民执政的各项制度

党的十九届四中全会提出:"健全为人民执政、靠人民执政各项制度。坚持立党为公、执政为民,保持

---

① 《习近平谈治国理政》,外文出版社2014年版,第27页。
② 中共中央党史和文献研究院编:《十九大以来重要文献选编》(上),中央文献出版社2019年版,第15页。

党同人民群众的血肉联系。"①

首先,要切实保障人民当家作主的权利,不断贯彻落实人民当家作主制度,保证公民积极有序地参与国家政治生活。坚持人民当家作主,必须大力发展社会主义民主,确保人民依法享有广泛的、充分的、真实有效的民主权利,使国家制度体现人民意志、保障人民权益,充分发挥人民群众的智慧和创造力。同时,为了保障人民群众享有充分的政治权利,党不断发展和完善决策机制,不断拓宽听取民意的途径,加强反馈民意的机制建设,让党的政策决定更加全面、更加充分地体现人民群众的利益要求和美好生活需要。

其次,必须全面从严治党,永葆党的先进性和纯洁性,不断提高党的执政能力。只有这样,党的政策和路线方针才能反映广大人民群众的利益和愿望,我们党才能保持与时俱进的品质、始终走在时代前列,不断提高执政能力、巩固执政地位、完成执政任务。推进全面从严治党,就必须大力支持思想建设、组织建设、作风建设、制度建设和反腐倡廉建设,完善党的自我革命制度规范体系。十八大以来,党中央将全面从严治党列为新时代党的建设的鲜明主题,面对新时代新的赶考之路的

---

① 中共中央党史和文献研究院编:《十九大以来重要文献选编》(中),中央文献出版社2021年版,第273—274页。

第四章 始终坚持全心全意为人民服务的根本宗旨

更高要求,党中央全面贯彻习近平新时代中国特色社会主义思想,在充分掌握和运用党的百年奋斗历史经验的基础上,进一步完善和健全党内法规制度体系,加强法律法规的宣传教育,严格监督与管理制度体系,将制度优势更好转化为治理效能,更好发挥党内法规制度的引领和保障作用。同时,我们党作为中国人民和中华民族的先锋队,勇于进行自我革命,不断发挥全体党员作为模范先锋的自觉性和先进性,确保了党为人民服务的初心不变质、不变味,始终发挥党作为中国特色社会主义核心事业的坚强领导核心作用。

最后,必须做到从实际出发,实事求是,因势利导、积极作为,拿出切实举措。群众路线的落实是具体而不是抽象的,是发展而不是静止的,需要把握总体形势,顺势而为,使形势向着最有利于增强人民获得感、幸福感、安全感的方向前进,使人民群众对美好生活的向往成为必然现实。检验党一切工作的成效,最终都要看人民是否真正得到了实惠,人民生活是否真正得到了改善,人民利益是否真正得到了保障。要坚持把群众利益放在第一位,不断增强人民群众的获得感、幸福感、安全感。贯彻党的群众路线,还要汇聚群众的智慧和力量谋发展、干事业。要努力探索密切联系群众的新路径、新办法,了解群众意愿、征求群众意见、倾听群众呼声、汇聚群众智慧，充分激发蕴藏在人民群众中的创造伟力。

三、群众路线是我们党的生命线和根本工作路线

群众路线是中国共产党在长期的革命、建设和改革实践中创立和不断发展的，是我们党永葆青春活力和战斗力的重要传家宝，在党的百余年奋斗历程中为党长期执政不断夯实和巩固群众基础。

（一）群众路线的形成和发展

新民主主义革命时期，毛泽东同志在《关于领导方法的若干问题》中指出："在我党的一切实际工作中，凡属正确的领导，必须是从群众中来，到群众中去。"[①] 随着革命实践的发展和群众工作经验的总结，毛泽东同志在《论联合政府》中进一步阐述了群众路线的核心内容，指出："我们共产党人区别于其他任何政党的又一个显著的标志，就是和最广大的人民群众取得最密切的联系。全心全意地为人民服务，一刻也不脱离群众；一切从人民的利益出发，而不是从个人或小集团的利益出发；向人民负责和向党的领导机关

---

① 《毛泽东选集》第三卷，人民出版社1991年版，第899页。

第四章 始终坚持全心全意为人民服务的根本宗旨

负责的一致性；这些就是我们的出发点。"① 党的七大第一次对党的群众路线进行系统总结。毛泽东同志从党的性质和宗旨出发，将"和最广大的人民群众取得最密切的联系"作为党的三大优良作风之一。他深刻概括了建党以来特别是土地革命战争时期和抗日战争时期关于群众路线的历史经验，指出："人民，只有人民，才是创造世界历史的动力。"②

社会主义革命和建设时期，群众路线得到了进一步丰富和发展。党的八大首次将党的群众路线写入党章，要求"必须不断地发扬党的工作中的群众路线的传统"③。邓小平同志在《关于修改党的章程的报告》中系统地阐述了党的群众路线的两方面内涵：一是人民群众必须自己解放自己，党的全部任务就是全心全意为人民群众服务，党必须密切联系群众和依靠群众；二是强调了"从群众中来，到群众中去"的工作方法。④

改革开放和社会主义现代化建设新时期，中国共产党在实践中不断完善对群众路线的认识。党的十一届六中全会通过的《关于建国以来党的若干历史问题

---

① 《毛泽东选集》第三卷，人民出版社 1991 年版，第 1094—1095 页。
② 《毛泽东选集》第三卷，人民出版社 1991 年版，第 1031 页。
③ 中共中央文献研究室编：《建国以来重要文献选编》第九册，中央文献出版社 1994 年版，第 105 页。
④ 《邓小平文选》第一卷，人民出版社 1994 年版，第 217 页。

的决议》将群众路线的内涵概括为"一切为了群众,一切依靠群众,从群众中来,到群众中去"①。党的十三届六中全会通过了《中共中央关于加强党同人民群众联系的决定》,把能否始终保持和发展同人民群众的血肉联系作为直接关系到党和国家盛衰兴亡的问题提到了全党面前。②党的十四大通过的党章对群众路线作了新的表述,提出"一切为了群众,一切依靠群众,从群众中来,到群众中去,把党的正确主张变为群众的自觉行动"③,标志着群众路线理论的成熟和完善。

(二)群众路线的坚持和创新

党的十八大以来,中国共产党在党内开展了党的群众路线教育实践活动、"三严三实"专题教育、"两学一做"学习教育、"不忘初心、牢记使命"主题教育、党史学习教育。这些党内集中教育要求党员干部自觉践行党的根本宗旨,把群众观点、群众路线深深植根于思想中、具体落实到行动上,在防止党员干部脱离群众、教育广大党员干部始终保持与广大人民群

---

① 《中国共产党中央委员会关于建国以来党的若干历史问题的决议》,人民出版社1981年版,第48页。
② 《中共中央关于加强党同人民群众联系的决定》,人民出版社1990年版,第1页。
③ 《中国共产党第十四次全国代表大会文件汇编》,人民出版社1992年版,第94页。

第四章　始终坚持全心全意为人民服务的根本宗旨

众的血肉联系等方面起到了重要作用。

立足新时代的新情况、新特点，习近平总书记提出了"网络群众路线"的新概念，要求运用网络新形式走好群众路线。① 2019年1月，《中共中央关于加强党的政治建设的意见》进一步指出，"改进和创新联系群众的途径方法，坚持走好网上群众路线"②。走好新形势下的群众路线，就要把握好新形势下群众工作的特点和规律，完善网上服务民生机制、创新网络民意收集机制、健全网络民智汇集机制，从而不断创新群众工作机制，既要善于通过互联网等各种渠道倾听人民呼声、汇聚人民智慧、回应人民关切，也要线上与线下相结合，为群众办实事、做好事、解难事，不断改进群众工作方法，提高群众工作水平。

党的二十大相关工作网络征求意见活动是党的历史上第一次将党的全国代表大会相关工作面向全党全社会公开征求意见。在党中央统一部署下，中宣部组织人民日报社、新华社、中央广播电视总台和"学习强国"学习平台，在有关网站、客户端首页首屏开设"我为党的二十大建言献策"等专栏，围绕党的二十大

---

① 习近平：《在网络安全和信息化工作座谈会上的讲话》，人民出版社2016年版，第7页。

② 中共中央党史和文献研究院编：《十九大以来重要文献选编》（上），中央文献出版社2019年版，第799页。

相关工作进行网络征求意见。来自全国各地、各行各业的人民群众广泛响应、积极参与,活动期间共收集各类意见建议留言超过854.2万条,是通过互联网问需于民、问计于民、听取民意的一次生动实践。

(三)从群众中来,到群众中去

群众路线是党的根本工作路线,要求广大党员干部牢固树立并始终坚持"从群众中来,到群众中去"的观点,加强思想自觉和行动自觉,着力解决群众最关心最直接最现实的利益问题,不断增强人民群众对党的信任和信心,密切党群关系、干群关系,筑牢党长期执政的群众根基。

深入群众做好调查研究。广大党员干部要深入群众、深入基层,加强调查研究,关注民生、倾听民意、体察民情,及时了解和掌握民生、民意和民情发展变化动态趋势,问政于民、问需于民、问计于民,确保政策决策符合实际、切实可行,充分体现人民利益、反映人民意愿。

从群众中汲取智慧和经验。人民群众长期处于实践一线,贴近生活生产实际,对问题的认识更符合实际,对问题的处理更讲究实效。广大党员干部只有虚心向人民群众学习,才能汇集民智,作出科学合理的政策决策，真正把群众的智慧和力量动员、组织和融入全面建设社会主义现代化国家的工作中来。

把党的正确主张变为群众的自觉行动。广大党员干部要加强对党的理论和路线、方针、政策的宣传，在工作中发动群众、组织群众，凝聚共识，让人民群众理解、掌握进而拥护党的政策主张，不断夯实党的群众基础，使党的正确主张变成群众的自觉行动，让党的路线方针政策贯彻落实在人民群众之中。

四、中国共产党根基在人民、血脉在人民、力量在人民

在中国共产党带领中国人民从苦难走向辉煌的非凡奋斗历程中，一代又一代中国共产党人以大无畏的革命精神，扎根人民、顽强奋斗、忘我奉献，用实际行动践行党的群众路线，深入群众，深入实际，推动社会主义事业不断向前发展。习近平总书记指出："人无精神则不立，国无精神则不强。唯有精神上站得住、站得稳，一个民族才能在历史洪流中屹立不倒、挺立潮头。同困难作斗争，是物质的角力，也是精神的对垒。"[1]

---

[1] 习近平：《论中国共产党历史》，中央文献出版社2021年版，第41页。

人民至上

(一) 张思德：为人民利益而死重于泰山

张思德，1915年4月出生于大巴山深处的一个贫苦佃农家庭。1933年加入中国工农红军，1937年加入中国共产党，1944年在生产劳动中炭窑崩塌，为拯救战友不幸牺牲，时年29岁。

他在革命斗争中作战英勇，先后多次负伤。他工作认真负责，服从组织分配。任中央军委警卫营通信班长时，带领全班完成机要通信、站岗放哨、开荒生产和建窑烧炭等各项任务；在毛泽东内卫班执行警卫任务时，他尽忠职守，一丝不苟；进陕北安塞县（今延安市安塞区）山中烧木炭时，他处处起模范带头作用，不怕苦、不怕累、不怕脏，每到出炭时都争先钻进窑中作业。他始终牢记为人民利益工作的使命，经常帮助战友补洗衣服、编织草鞋，带头帮助驻地群众生产劳动。

张思德是一名革命战士，也是一名共产党员。在他的身上体现出了中国共产党全心全意为人民服务的根本宗旨，这正是我们党和军队战胜一切敌人、战胜一切困难的力量所在，也是永远激励共产党人前进的强大动力。毛泽东同志在张思德追悼会上作了题为《为人民服务》的著名演讲，对张思德所代表的全心全意为人民服务的崇高思想和革命精神给予了高度评价：

"张思德同志是为人民利益而死的,他的死是比泰山还要重的。"[1] 张思德的光辉形象已经成了为人民服务的代名词、里程碑。以张思德姓名命名的张思德精神也已经成为中国共产党人精神谱系的伟大精神之一。

(二)雷锋:为了人民的事业无私奉献

雷锋,1940年12月出生于湖南省望城县(今长沙市望城区)的一个贫苦农民家庭,1960年加入中国共产党,1962年因公殉职,时年22岁。

新中国成立后,在党和人民的关怀与培养下,雷锋由一个孤儿成长为一个有知识、有觉悟、有理想,积极进取的有为青年。他工作积极,多次被评为"红旗手""劳动模范""先进生产者"和"社会主义建设积极分子",荣立二等功一次,三等功两次,成为全军挂像英模。他乐于助人,"雷锋出差一千里,好事做了一火车"的事迹在群众中流传不息。

雷锋在1961年4月16日的日记中写道:"我决心永远和群众牢牢地站在一起,为人类最美好幸福的生活而斗争。"后来,他在1961年10月20日的日记中写道:"人的生命是有限的,可是,为人民服务是无限的,我要把有限的生命,投入到无限的为人民服务之

---

[1] 《毛泽东选集》第三卷,人民出版社1991年版,第1004页。

中去。"体现出雷锋决心为党和人民事业奋斗终身的奉献精神。

1960年11月26日,《前进报》头版发表了长篇通讯《毛主席的好战士》和社论《不忘过去 发愤图强》。1960年12月1日,《前进报》整版以"听党的话,把青春献给祖国"为题刊登了雷锋同志日记摘抄,在原沈阳军区掀起了学习雷锋先进事迹的热潮。

1963年3月5日,《人民日报》发表毛泽东同志亲笔题词,号召全国人民"向雷锋同志学习"。从此,每年3月5日,成为全民学雷锋的日子。

雷锋在短暂的一生中时刻践行着中国共产党人全心全意为人民服务的根本宗旨,时刻帮助人民、服务人民。以雷锋姓名命名的雷锋精神激励和影响着一代又一代中国人,雷锋精神已经成为中国共产党人精神谱系的伟大精神之一。习近平指出:"雷锋精神是永恒的,是社会主义核心价值观的生动体现。"[1]

(三) 焦裕禄:他心里装着全县人民,唯独没有自己

焦裕禄,1922年8月出生在山东省淄博市的一个

---

[1] 《雷锋》杂志编:《新时代雷锋精神解读》,人民出版社2018年版,第149页。

第四章 始终坚持全心全意为人民服务的根本宗旨

贫苦农民家庭，1946年加入中国共产党，1964年5月，因肝癌病逝，时年42岁。

1962年12月，焦裕禄调任兰考县委书记，此时豫东兰考县正遭受内涝、风沙、盐碱三大灾害，全县的粮食产量下降到了历史的最低水平，人民生活极度困难。他带领全县人民全身心投入封沙、治水、改地斗争，下决心要在三五年内取得治沙、治水、治碱的基本胜利，改变兰考的面貌。

焦裕禄身先士卒、以身作则，风沙最大的时候，带头去查风口、探流沙；大雨瓢泼的时候，他带头蹚着齐腰深的洪水察看洪水流势；风雪铺天盖地的时候，他率领干部访贫问苦，登门为群众送救济粮款。他经常钻进农民的草庵、牛棚，跟群众一起吃饭，一起劳动，在群众中学到了很多治沙、治水、治碱的办法，总结了不少可贵的经验。

焦裕禄对全县149个生产大队中的120多个挨个进行走访，靠着自行车和铁脚板跋涉5000余里，和调查队把所有的风口、沙丘、河渠逐个丈量、编号、绘图，通过大规模的调查研究基本上掌握了水、沙、碱发生与发展的规律，制定了治理"三害"的科学规划。在工作中，他忍受着肝病的折磨，有时因为肝病疼得直不起腰、骑不了车、拿不住笔还仍然坚守岗位、冲在一线。他带领全县人民艰苦奋斗，植树治沙，最终取得了显著成效。

焦裕禄总是在群众最困难、最需要帮助的时候，出现在群众面前。他心里装着全县人民，唯独没有自己。他去世后，人们在他病床的枕下发现两本书：一本是《毛泽东选集》，一本是《论共产党员的修养》。1966年，他被河南省人民政府追认为革命烈士。以亲民爱民为基本内涵的焦裕禄精神已经成为中国共产党人精神谱系的伟大精神之一。习近平总书记指出："焦裕禄同志是人民的好公仆，是县委书记的榜样，也是全党的榜样。亲民爱民、艰苦奋斗、科学求实、迎难而上、无私奉献的焦裕禄精神，过去是、现在是、将来仍然是我们党的宝贵精神财富，永远不会过时。"①

（四）孔繁森：一个共产党员爱的最高境界是爱人民

孔繁森，1944年7月出生在山东省聊城市的一个贫苦农民家庭。1966年，加入中国共产党，1994年11月赴新疆考察期间，因车祸殉职，时年50岁。

1979年，孔繁森第一次援藏，被组织上安排到条件艰苦的岗巴县任县委副书记。在岗巴县工作的三年

---

① 习近平：《论中国共产党历史》，中央文献出版社2021年版，第35—36页。

第四章 始终坚持全心全意为人民服务的根本宗旨

间,他深入基层调查研究,全县的乡村、牧区都留下了他的身影。1988年,孔繁森第二次进藏,担任拉萨市副市长,分管文教、卫生和民政工作,使拉萨的适龄儿童入学率从45%提高到80%。1992年底,孔繁森第二次援藏工作期满之际,被任命为阿里地委书记,他舍"小家"顾"大家",毅然前往海拔更高、条件更艰苦的阿里工作。

阿里地区有106个乡,孔繁森跑遍了98个。他深入了解当地情况,总结了阿里畜产品、矿产品、旅游、边贸、人口和政策等六大发展优势,因地制宜发展阿里的经济。

孔繁森有句流传甚广、至今仍被传诵的名言:"一个人爱的最高境界是爱别人,一个共产党员爱的最高境界是爱人民。"他为了抚养两个在地震中失去父母的藏族孤儿,一年内三次献血900毫升;他下乡时常常背着小药箱,一路工作,一路为西藏百姓免费看病送药,自己却过着非常清贫的生活。习近平总书记曾把孔繁森说的"一个人爱的最高境界是爱别人,一个共产党员爱的最高境界是爱人民"这句话,誉为"孔繁森的境界感",作为共产党人应该具备的五种崇高情感之一。[①]

[①] 习近平:《干在实处 走在前列——推进浙江新发展的思考与实践》,中共中央党校出版社2006年版,第527页。

孔繁森去世后，人们在清理他的遗物时发现，除了一个袖珍收音机，他身上仅剩8块6毛钱。"一尘不染两袖清风，视名利安危淡似狮泉河水；二离桑梓独恋雪域，置民族团结重如冈底斯山。"这副挽联形象地诠释了孔繁森把自己完全奉献给党和人民的伟大一生。孔繁森被誉为"90年代的雷锋""新时期的焦裕禄""领导干部的楷模""民族团结的典范"，被评为100位"新中国成立以来感动中国人物"之一。以孔繁森姓名命名的孔繁森精神也已经成为中国共产党人精神谱系的伟大精神之一。

（五）新时代中国共产党人：为中国人民谋幸福，为中华民族谋复兴

"燃灯校长"张桂梅创办的云南丽江华坪女子高级中学是全国首所全免费女子高中，已经帮助2000余名山区女孩圆了大学梦。她多年来将心血倾注在山区教育事业中，为筹集建校资金四处奔波，因常年过度劳累疾病缠身，但她始终没有放弃，为的是"让大山里的女孩都能读书"。带着这份信念，张桂梅点亮万千大山女孩的梦想，照亮她们的前程。她激励孩子们："祖国哪个地方需要，就到哪个地方去！"

"守岛英雄"王继才与妻子王仕花担起守卫黄海前

第四章　始终坚持全心全意为人民服务的根本宗旨

哨开山岛的重任，默默守卫孤岛长达32年。夫妻俩数十年如一日，升旗、巡岛、观天象、护航标、写日志，从未间断，出色地完成了战备执勤任务。无论刮风下雨，他们每天做的第一件事就是在岛上升起国旗。"家就是岛，岛就是国，我会一直守到守不动为止。"2018年，王继才在执勤期间突发疾病，经抢救无效去世。王继才用生命践行着他的承诺，始终坚守在岗位上，直至生命的最后一刻。

"扶贫之花"黄文秀在研究生毕业后毅然回到百色革命老区，主动请缨去脱贫攻坚一线工作，到离百色市200多公里的百坭村任第一书记。她白天走村串户遍访贫困户，将每户的家庭情况、致贫原因等都一一标注在笔记本里，晚上与村"两委"研究对策，制定工作方案。通过走访调研，黄文秀找准了百坭村发展产业的路子，带领群众因地制宜发展砂糖橘、八角、杉木等产业。在她担任驻村第一书记的一年多里，全村有88户418人脱贫，百坭村的贫困发生率从22.88%降到2.71%。2019年6月黄文秀在突发山洪中不幸遇难，时年30岁，被追授"全国三八红旗手""全国脱贫攻坚模范"等称号。

为中国人民谋幸福，为中华民族谋复兴，是中国共产党人的初心和使命。一代代中国共产党人薪火相传、前赴后继,团结带领各族人民艰苦奋斗。为了保护人民生命财产安全,他们在救灾抗疫一线冲锋在前、不惧生死;为了使落后地区的面貌产生翻天覆地的变化,他们在脱贫攻坚一线倾情投入、奉献自我;为了带领人民创造更加美好的生活,他们在基层岗位上兢兢业业、真真切切做实事。他们都有一个共同的名字——"中国共产党人"。习近平总书记指出:"我们党坚持为人民服务,不仅仅是一句口号,而是坚持不懈的实际行动。"[①]

[①] 习近平:《论中国共产党历史》,中央文献出版社2021年版,第34页。

第五章　江山就是人民　人民就是江山

　　历史充分证明,江山就是人民,人民就是江山,人心向背关系党的生死存亡。赢得人民信任,得到人民支持,党就能够克服任何困难,就能够无往而不胜。反之,我们将一事无成,甚至走向衰败。
　　——习近平总书记在党史学习教育动员大会上的讲话

中国共产党的根基在人民、血脉在人民、力量在人民。在一百多年的奋斗历程中,中国共产党之所以能够由小到大、由弱变强并不断取得辉煌成就,归根结底是因为中国共产党始终同人民群众保持血肉联系,永远与人民同呼吸、共命运、心连心。中国共产党始终代表最广大人民根本利益,始终把人民放在心中最高位置,而没有任何自己特殊的利益。可以说,我们党的百余年奋斗历史,就是一部为人民打江山、守江山的历史。尽管我们党在不同历史方位和不同发展阶段的中心任务有所不同，但始终不变的是任何时候都把人民群众的根本利益放在第一位，始终坚持人民立场，始终坚持人民至上，坚持人民主体地位，虚心向人民学习，倾听人民呼声，汲取人民智慧，从而守住了人民的心，赢得了人民的信任、拥护和支持，最终凝聚起我们党团结带领全国各族人民奋力建设社会主义现代化强国的磅礴力量。

一、人民拥护和支持是党执政的最大根基

自古有"民为邦本，未有本摇而枝叶不动者"[1]，"天下之治乱，不在一姓之兴亡，而在万民之忧乐"[2]。纵观古今，每个王朝的兴亡盛衰、每个政权的更迭，都与民心向背密切相关。在人民当家作主的新中国，人民群众才是国家权力的真正所有者，始终是推动国家发生翻天覆地变化的根本力量。离开人民群众的社会历史是不存在的。任何事务如果没有人民群众的拥护与参与，皆为无源之水、无本之木，党的事业和工作就无从谈起。中国共产党执政就是要为民造福，只有为民造福，我们党执政的根基才能坚如磐石。

---

[1] 苏舜钦：《苏舜钦集》第十一卷，上海古籍出版社1981年版，第129页。
[2] 黄宗羲：《明夷待访录》，中华书局2011年版，第18页。

第五章　江山就是人民　人民就是江山

（一）人民冒死救治红军伤病员

当年红军主力部队开始长征之前，中央苏区遗留有大量伤病员6000余人，主要分散于瑞金、于都二县百姓家中养病治疗。瑞金人民对红军伤病员情深意笃，呵护备至。在广大群众的悉心照料下，不少伤病员的身体迅速康复，增补为独立师团。

1934年10月，少共中央儿童局书记陈丕显受命留在中央苏区坚持游击斗争。当时他在瑞金闹了一场大病，整日高烧不退而昏迷。经医生诊断患上了疟疾，留守的中央政府办事处主任陈毅将其安置到九堡一位名叫割禾庆的亲戚家休养。割禾庆就像是对待亲人一样，每日为陈丕显端水送饭。红军主力长征后，苏区情况尤为紧张。1935年2月中旬，敌人叫嚣着"石头要过刀，茅草要过烧，人要换种"，开始对各家各户进行"清剿"，还乡团和挨户团逐家逐户地搜查。瑞金人民冒死掩护红军伤病员进山，或者认他们为"丈夫"和"儿子"，帮助他们脱离了险境。为了陈丕显的安全，割禾庆在半夜三更背着他，躲到离家十数里外的洞穴中，割禾庆家不满10岁的孩子成了他的专职岗哨，常守着洞口，有敌情时便吹奏竹箫。割禾庆还冒死到药铺为他抓药、上山采草药为其熬煮，治疗半月余,其病情逐渐好转。归队后,陈丕显摸摸口袋,将剩下的十多个铜板都送给了割禾庆。多年后,陈丕显对此事仍记忆犹新,他对这位老表的救命之恩感到永世难忘。同时感叹没有这么好的人民群众,革命事业是不可能胜利的。共产党之所以能赢得天下,是因为他们与老百姓心心相通。

不但如此,苏区人民还向红军供应了无数军需粮秣、慰劳用品。仅1934年5月到10月间,赣南苏区扩编红军8万余人,捐赠稻谷90.6万担、棉被2万张、棉花8.6万斤、布鞋5万双、草鞋20万双,募集军费150万元用于支援红军。那时,瑞金全县仅24万人,就有11.3万人参军参战,其中5万余人为革命捐躯,1.08万人壮烈牺牲在长征途中。瑞金人民为了革命,购买公债78万元,支援谷子25万担,捐赠银器22万两,甚至存在苏维埃国家银行的2600万银圆都无私地捐献给了中国革命。这些举措极大确保了红军反"围剿"的物资畅通。正如习近平总书记指出的那样:"正因为有人民群众支持和拥护,我们党才能走过辉煌历程,取得伟大成就。"[1]

---

[1] 习近平:《论中国共产党历史》,中央文献出版社2021年版,第34页。

第五章　江山就是人民　人民就是江山

（二）人民的支持是最大的妙计

1949年5月1日，毛泽东同志与柳亚子泛舟颐和园昆明湖时进行了坦率的交谈。柳亚子表示没有想到解放战争获胜的速度如此之快，不知毛主席使用了什么妙计。毛泽东同志答道："人民的支持是最大的妙计。"① 如果没有人民的大力支持，是不能成功的。

1938年，冀中群众为使夜间行动的八路军不被日军发现，主动打死自家的狗，自此"行军百里无狗叫"。1947年，运城攻坚作战时，了解到部队需要木料后，方圆数十里的百姓几乎家家户户都把门板卸下送上前线，总数达17万块。1951年，为支援抗美援朝战争，全国上下纷纷呼吁捐献武器运动，在不到一年的时间里便收到了价值相当于3710架战斗机的款项……正是由于人民倾尽全力支援，人民军队才能一路披荆斩棘，从胜利走向胜利。②

一支军队的成败荣辱，一个政党的前途命运，归根到底取决于民心向背。正如毛泽东同志所说："这个军队之所以有力量，是因为所有参加这个军队的人，

---

① 中共中央文献研究室：《毛泽东年谱（一八九三——一九四九）》下卷，中央文献出版社2002年版，第494页。
② 《人民的支持是最大的妙计》，《解放军报》2022年7月20日。

都具有自觉的纪律;他们不是为着少数人的或狭隘集团的私利,而是为着广大人民群众的利益,为着全民族的利益,而结合,而战斗的。"①

人民军队深深扎根于人民这片土地,人民战争之伟力源自人民之伟大。为民而战、依民而胜,是人民战争之本。人民群众是打得赢的"补给线",是摧不垮的"根据地"。我们永远不能忘记陕西老乡的小米和沂蒙红嫂的乳汁,也不能忘了如林的担架和如流的推车。

无论时代如何发展变化,战争形态怎样演进,人民战争的思想始终不落伍,人民群众永远是我军的坚强后盾、力量之泉。现代战争是多维战场的对抗,牵涉领域更加广阔、战场形态更加复杂、实力比拼更加立体。这就更需要有人民这座"靠山",更需要发挥人民战争的独特优势和强大力量。2017年,习近平总书记在庆祝中国人民解放军建军90周年大会上掷地有声地说:"历史告诉我们,民心所向、民意所归、民力所聚,人民军队就能无往而不胜、无敌于天下。"② 全军要时刻牢记全心全意为人民服务的根本宗旨,始终做人民信赖、人民拥护、人民热爱的子弟兵。

---

① 《毛泽东选集》第三卷,人民出版社1991年版,第1039页。
② 习近平:《在庆祝中国人民解放军建军90周年大会上的讲话》,《人民日报》2017年8月2日。

第五章　江山就是人民　人民就是江山

（三）战"疫"中，有一种力量叫群众

过去三年，面对世纪疫情及其蔓延，既无局外人，也无旁观者。所有人都是其中重要的关卡。在这场没有硝烟的战争中，在以习近平同志为核心的党中央的坚强领导下，广大人民群众积极配合，主动融入，守望相助，共克时艰，每一个人都自觉遵守疫情防控各项政策规定，上下联动，众志成城，筑牢疫情防控的"铜墙铁壁"。

携手同心："配合也是一种支持！"面对疫情，很多老年人感叹不知道该做什么，能够做到的就是积极配合好政府的工作，不乱逛，不扎堆，不给疫情防控工作拖后腿。的确，尤其是在疫情防控工作纷繁复杂时，要让每一项措施都有效地落实到"最后一米"，离不开每个人身体力行地参与和付出。在此次疫情防控中，广大群众始终以最大的支持和配合守着各自的"责任田"。每场全员核酸检测，每项"阴性"检测结果的背后，都有人民群众一心守护家园的责任和担当。

守望相助："我们就是一家人！"疫情无情人有情。面对严峻复杂的疫情防控形势，面对不时涌现的困难和挑战，广大群众肩并肩共战疫、手挽手送温暖，以温情战疫，共度艰难时刻。无数平凡百姓汇聚起温暖

的人间真情，释放战"疫"必胜之力。无数工作人员用坚守和奉献筑起物资保障的"生命线"，彻夜不眠地对蔬菜和生活用品进行分类打包；居民小区内，物业人员和志愿者马不停蹄地穿梭于各个楼层发放物资，让封控后的千家万户都能在短时间内收到需要的"蔬菜包"和"爱心包"。

众志成城："我们都要出一份力！"疫情防控是全民之战，需要大家的主动参与。关键时期，广大人民群众始终以主人翁的姿态，上下同心，全面融入，以志愿者的身份活跃于抗疫一线各环节，为国家和人民撑起保护伞。内蒙古额济纳旗疫情暴发后，不少当地牧民纷纷捐献"家当"支援抗疫。额济纳旗巴彦陶来苏木的牧民斯琴高娃，在家里忙个不停。听说苏木的民宿里有20多名滞留游客，她就炸了些花馍和油饼；得知滞留游客主要是老年人，她就捐羊给老人们补养，并捐出全部驼绒被。市民们给前线工作人员送去方便食品、水果和矿泉水等物品，很多人放下东西，不留姓名直接离开了。抗击疫情战场上，人民情怀博大高尚，群众力量热烈涌动。

时代就是群众，群众就是时代，群众是伟业的建设者，群众是真正的英雄。习近平总书记指出："前进道路上，无论是风高浪急还是惊涛骇浪，人民永远是我们最坚实的依托、最强大的底气。"[1] 在百年波澜壮阔的历史进程中,中国共产党紧紧依靠人民群众,实现了一个又一个"不可能",创造了一个又一个难以置信的奇迹。这就是人民的伟大情怀,这就是群众的强大力量,有这样伟大的人民情怀,有这样磅礴的群众力量,我们就能所向无敌,战无不胜,我们必然能够实现第二个百年奋斗目标,必然能够实现中华民族的伟大复兴。

二、始终把人民放在心中最高位置

中国共产党已经走过百余年的漫漫征程,一百多年来,不管形势和任务如何变化,中国共产党始终坚持人民立场,以"为人民"为不变的价值指向,以"为人民"为不懈的奋斗目标,以"为人民"为不竭的动力源泉。自成立以来,中国共产党以为民造福的实际行动,诠释着"我将无我,不负人民"的高尚情操。在饱受帝国主义与封建主义双重压迫的近代中国,广大民众迫切要求彻底废除帝国主义强加给中国的不平等条约及其在华特权。中国革命胜利、社会主义制度确立,创造了我国有史以来最为深刻、最为重大的

---

[1] 习近平:《始终坚持一切为了人民一切依靠人民 以中国式现代化全面推进中华民族伟大复兴》,《人民日报》2022年10月24日。

社会变革,人民实现了真正意义上的独立与自由。新中国成立以来,党的八大、十一届六中全会以及十九大都直接将人民视为社会主要矛盾的主体,并将人民群众的需求状况同人民群众需求的满足状况作为社会主要矛盾的两大内容,进行表述转换,贯穿始终的是人民群众需要层次的不断提升和需要范围的不断拓展。从历史的长河来看,我们党百余年来分析和把握社会主要矛盾的过程,既是社会的全面进步史,也是人的全面发展史,更是不断满足人民群众需求,为人民谋幸福、为民族谋复兴的成就史。

中国共产党人历来关注人民群众的迫切需求。将民族大义和人民利益放在第一位,把人民群众需求的改变与满足状况当作全部工作的出发点和落脚点。这贯穿体现于党的每一个历史发展时期。

(一)旨在解决土地生存问题的新民主主义革命时期

鸦片战争后,中国逐步滑入半殖民地半封建社会的深渊。毛泽东同志在《中国革命和中国共产党》中明确提出:"帝国主义和中华民族的矛盾,封建主义和人民大众的矛盾,这些就是近代中国社会的主要矛盾。"[①] 这决

---

① 《毛泽东选集》第二卷,人民出版社1991年版,第631页。

第五章 江山就是人民 人民就是江山

定了近代以来中华民族面临着谋求民族独立与人民解放、实现国家富强与人民富裕两大历史任务。以上述目标为指导,中国共产党在领导革命斗争的同时,大力开展民生建设。首先,党领导中国人民经过28年的浴血奋战,彻底推翻了帝国主义、封建主义和官僚资本主义的反动统治,实现了民族独立和人民解放。其次,当时中国70%的土地掌控在占农村人口不足10%的地主或富农手中,而中国是一个以农民为主体的农业大国。这意味着解决土地问题,把土地从封建地主手中转交给直接以农业生产为主的农民,以满足人民群众的生存需求,是当时最重大的民生现实。党深知其重要性与迫切性,带领广大农民进行土地革命运动。1921年中国共产党成立后,将没收土地归社会公有写进了党的第一个纲领。1927年至1937年,中国共产党在部分地区建立了苏维埃政权,有计划地进行土地改革,并颁布了相应的政策法令。在抗日战争时期,为最大限度动员一切积极因素抵御外来侵略,把没收地主土地改为"减租减息"。1947年颁布的《中国土地法大纲》明确废除了封建性及半封建性剥削的土地制度,推行"耕者有其田"的土地制度。中华人民共和国成立前夕,解放区1亿多农民分得3亿多亩土地,生存条件明显改善。

（二）旨在保障人民基本生活条件的社会主义革命和建设时期

新中国成立之初，生产萎缩，物资奇缺，通货膨胀，物价飞涨，工厂倒闭，失业众多，经济崩溃，民不聊生，百废待举。如何使人民群众尽快告别食不果腹、衣不蔽体的苦日子，改善人民生活，已是摆在中国共产党人面前最现实、最迫切的任务。毛泽东同志多次指出："我国是一个有六亿五千万人口的大国，吃饭是第一件大事。"[①] "我们的国家……人太多，这么多人要吃饭，要穿衣，所以现在还有不少困难。"[②] 一定"要把衣、食、住、用、行五个字安排好，这是六亿五千万人民安定不安定的问题"[③]。可以说，让中国人民都吃上饭、吃饱饭，是毛泽东同志的朴素心愿，更是党领导社会主义革命和建设时期建设民生的首要目标。

党和政府在保障和改善民生方面采取了一系列举措，制定了重要制度：进行"一化三改"，确立了社会主义基本制度，为保障和改善民生奠定了制度基础；制定了新的教育制度，保障人民群众的受教育权；出

[①] 《毛泽东文集》第八卷，人民出版社1993年版，第49页。
[②] 《毛泽东文集》第八卷，人民出版社1993年版，第318页。
[③] 《毛泽东文集》第八卷，人民出版社1993年版，第78页。

第五章　江山就是人民　人民就是江山

台了一批医疗卫生规章制度，对于保障人民健康发挥了巨大作用；制定和实施了一系列社会保障制度。这些制度，为这一时期民生建设提供了制度保障。同时，我国社会主要矛盾发生了根本性变化。1956年9月召开的党的八大指出："我们国内的主要矛盾，已经是人民对于建立先进的工业国的要求同落后的农业国的现实之间的矛盾，已经是人民对于经济文化迅速发展的需要同当前经济文化不能满足人民需要的状况之间的矛盾。"① 党的八大对社会主要矛盾作出了正确的判断，掀起了全面建设社会主义的热潮。注重就业、医疗、教育、住房等领域，同时大兴水利工程建设，总体上我国已建立起较为完备的工业体系，工农业发展为民生建设提供了物质基础和人民基本生活条件。但遗憾的是，受国内外形势及"左"倾错误思想影响，党对于社会主义建设规律认识不清，社会主义建设缺乏经验，这给我国民生建设带来了一些负面影响。

（三）旨在提高人民生活水平的改革开放和社会主义现代化建设新时期

1978年，党的十一届三中全会果断停止"以阶级

---

① 中共中央文献研究室编：《建国以来重要文献选编》第九册，中央文献出版社1994年版，第293页。

斗争为纲",开始重新探讨社会主要矛盾。1981年6月,党的十一届六中全会将社会主要矛盾表述为"人民日益增长的物质文化需要同落后的社会生产之间的矛盾",由解决人民群众生存和温饱问题转向以提高人民生活水平为目标。这一时期,以邓小平同志、江泽民同志、胡锦涛同志为代表的中国共产党人,一方面领导人民集中精力进行改革开放和现代化建设,以经济建设为中心,大力发展社会生产力,为保障和改善民生奠定了物质基础,另一方面在实际工作中更注重人民群众对于生活水平提高的新需求:确立了"三步走"的发展战略,有计划、有步骤地推进民生建设;实行了"部分人口、部分地区先富"的富民政策,最终实现共同富裕;坚持全面协调可持续发展,满足人民群众多方面的、持久的民生需求;取消农业税,建设社会主义新农村;着力解决困难群体和弱势群体的民生问题,建立起包括医疗、教育、就业、养老、住房、低保在内的社会保障体系。这些民生措施较为系统全面,不仅关注民生的物质基础与发展动力,而且注重民生发展的步骤和目的,对保障和改善民生起到了直接和有力的作用。

(四)旨在满足人民对美好生活向往的新时代

党的十八大以来,我国改革开放和社会主义现代

第五章 江山就是人民 人民就是江山

化建设取得了新的历史性成就,党和国家事业全面开创新局面,中国特色社会主义进入新时代。我国社会主要矛盾已经转变为"人民日益增长的美好生活需要和不平衡不充分的发展之间的矛盾","全面建成小康社会"成为这一时期民生建设的首要目标。党的十九届五中全会提出2035年"全体人民共同富裕取得更为明显的实质性进展"的远景目标,将实现共同富裕和人的全面发展正式纳入民生范畴。

历经40多年的改革开放,中国经济已经从"一度濒于崩溃的边缘",发展至2010年时成为仅次于美国的世界第二大经济体,并在此后一直稳居世界第二位,实现了从低收入国家到中等偏上收入国家的跨越;人民群众的生活水平也由改革开放初期的"温饱不足",经由1987年时的"基本解决了人民的温饱问题"发展到2021年时的"全面建成小康社会"。习近平总书记指出:"为人民谋幸福,是中国共产党人的初心。我们要时刻不忘这个初心,永远把人民对美好生活的向往作为奋斗目标。"① 党在新时代和新发展阶段实施的一系列民生举措取得历史性进展,不断推动人的全面发展和社会进步,为开启全面建设社会主义现代化国家

---

① 《习近平在党的十九届一中全会上的讲话》,《求是》2018年第1期。

新征程奠定了坚实基础。但我们的工作仍存在许多不足，主要表现为发展不平衡不充分的一些突出问题尚未解决。因此，要着力办好教育、医疗、就业、社保、养老、托幼、住房等民生实事，把补齐民生短板、破解民生难题、兜牢民生底线作为民生建设的重点。

百年来，中国共产党领导带领中国人民在民生建设领域进行了艰苦卓绝的斗争、探索和创新，形成了一幅中国人民从站起来、富起来到强起来的波澜壮阔的民生画卷，充分彰显了中国共产党全心全意为人民服务的宗旨。习近平总书记强调："要在为民服务上力行，教育引导广大党员、干部始终把人民摆在心中最高位置，当好人民群众的知心人、贴心人、领路人，用心用情用力解决好群众急难愁盼问题。"[①] 始终把人民摆在心中最高位置，就必须把对党和人民的热爱落实到行动中去，为民办实事，不懈奋斗、永不言败。最伟大的力量源于人民，最深刻的变化在于人民，最实在的成果惠于人民。现在，中国共产党团结带领中国人民又踏上了实现第二个百年奋斗目标新的赶考之路。新征程上，面临着种种发展中的新课题和新任务，这就要求党员干部必须时刻站稳人民立场、践行党的

[①] 《习近平在西藏考察时强调　全面贯彻新时代党的治藏方略　谱写雪域高原长治久安和高质量发展新篇章》，《人民日报》2021年7月24日。

群众路线、尊重人民首创精神、践行以民为本的发展理念，汇聚开拓进取的精气神，激发埋头苦干、真抓实干的原动力。

三、永远与人民同呼吸、共命运、心连心

我们党的百年历史，就是一部践行党的初心使命的历史，就是一部党与人民心连心、同呼吸、共命运的历史。为人民而生，因人民而兴，始终同人民在一起，为人民利益而奋斗，是我们党立党兴党强党的根本出发点和落脚点。战争年代，没有宿营地，人民子弟兵宁肯露宿街头，也决不惊扰百姓；食物匮乏时，人民子弟兵宁肯忍饥挨饿，也决不采食老百姓家门口的野菜。和平时期，当灾难突发的时候，当祖国呼唤的时候，当人民期盼的时候，当危机来临的时候，子弟兵用一个个"最美逆行""最美背影""最美睡姿""最美潜游"，践行"人民至上"理念。脱贫攻坚战，毛相林带领村民背着锄头、钢钎、铁锤，历时7年凿出"绝壁天路"。抗击新冠疫情，"我是党员"的呐喊振聋发聩，红色党旗高高飘扬，"人民至上、生命至上"彰显了共产党人的担当和风骨。防汛关键期，党员干部冲在一线，在暴雨中与时间赛跑、为生命冲锋，

始终把保障人民群众生命财产安全放在第一位。用行动砥砺初心、以担当守护使命，才能坚定如磐初心、永担光荣使命。习近平总书记号召全体党员："牢记初心使命，坚定理想信念，践行党的宗旨，永远保持同人民群众的血肉联系，始终同人民想在一起、干在一起，风雨同舟、同甘共苦，继续为实现人民对美好生活的向往不懈努力，努力为党和人民争取更大光荣。"①

（一）毛主席为百姓开"天窗"

在中央苏区初创时期，毛泽东同志就提出，每个共产党员要时刻叨念"争取群众"。在中央苏区战事频繁和政务繁忙中，毛泽东同志把战士、群众的冷暖温饱，都时时放在心上，给老乡送医送药、车水抗旱、打井找水、割禾挑水、挖茅坑、修路桥等。他身体力行，以身作则，为广大苏区干部树立了一个最好的榜样。当年毛泽东同志在江西瑞金叶坪居住时，见一村民谢大娘住宿地方光线太暗，他便挂念在心，并找到管理处负责同志实地察看，现场办公，将谢大娘房间一侧的楼板锯开偌大的口子，开成一扇"平躺着"的玻璃瓦"天窗"，光线透过天窗照进了房间，也温暖了谢大娘的心。

---

① 《习近平谈治国理政》第四卷，外文出版社2022年版，第15页。

第五章　江山就是人民　人民就是江山

（二）邓小平同志为百姓分田

1931年8月，邓小平同志奉命来到瑞金任县委书记后，经常深入乡村，了解群众生活。他喜欢和群众在一起，哪里有问题就搬到哪里去办公。邓小平同志还喜欢当地群众流传的一句话："当官不为民做主，不如回家种红薯。"他也常用这样的话来教育干部，要了解群众的意愿，切实为群众解决困难。有次他到叶坪乡黄埠头村调查，发现贫农黄木生家6口人分得的田土质瘦又无水源。忙碌一年却收成甚微，生活十分困难。在调查了解到主持黄埠头村分田的干部滥用私权后，邓小平同志卷着行李到黄埠头村蹲点，挨家挨户地访，一块田一块田地看，问题弄清后撤换掉不称职的干部，重新组织贫农团按人口和劳力分配土地，肥瘦分均。这样一来，问题很快得到解决。黄木生来到自己新分到的田里，抓起一把黑黝黝的泥土，激动不已地说："这回我才算真正翻身了。"

（三）张闻天砍柴送红军家属

1934年2月，"二苏大"上，张闻天当选为中央人民委员会主席，其后住在沙洲坝元太屋，与中央执行委员会主席毛泽东同志隔墙为邻。张闻天马列主义水平很高,是党内鼎鼎有名的教授、笔杆子。他身体力行,带头实施《优待红军家属礼拜六条例》。号召各机关、团体的工作人员利用每个周末,轮流帮助红军家属孤寡老人做事,为他们排忧解难。会后的一天,他在下肖区检查工作中发现红军家属杨大妈年迈体弱,丈夫早亡,儿子参军,生活困难,连烧柴都只能靠捡些枯枝败叶对付。张闻天安慰杨大妈说:"你有难处,我们一定帮你克服。"第二天,恰逢星期六,天一亮,张闻天就带着身边的警卫员和工作人员挑着满满几担木柴、松枝和芦萁送到杨大娘家门前。在张闻天等人的带动下,苏区干部深入基层,为群众义务劳动,与当地群众建立了深厚的感情,干群连成一条心,铸成了什么力量也打不破的真正的"铜墙铁壁"。

(四)"半条棉被"

1934年11月,红军长征途经湖南汝城县沙洲村,3名红军女战士借宿徐解秀老人家中,见老人家中生活拮据,缺衣少食,连一条完整的被子都没有。女红军们临走时把仅有的一条被子剪下一半留给徐解秀老人,并对她说等革命成功以后,一定要送她一条完整的新棉被。一条棉被,虽被剪成两段,却将军民的心永远相连,展现了感天动地的鱼水深情。什么是共产党?

第五章　江山就是人民　人民就是江山

共产党就是自己只有一条被子,也要剪下半条给老百姓的人。

（五）同人民想在一起,解决人民诉求,维护人民利益

"民之所忧,我必念之;民之所盼,我必行之。"① 这是习近平同志掷地有声的宣示,更是他念兹在兹的行动。当年,不满16岁的习近平同志来到梁家河当知青,在大队一干就是7年。顶风冒雨,同乡亲们铡草担粮;披星戴月,与老百姓放羊挑粪;酷暑严寒,和大家伙耕地铲冰……什么活儿都干,什么苦都吃,真正与人民群众打成一片、融为一体。20世纪80年代,习近平同志担任正定县委书记期间,从不愿在办公室闲坐,而是经常带着工作人员搞调研,"特别选在县城大集的时候,在大街上摆上桌子,拉着来赶集的老百姓做调查"。2020年9月17日,习近平总书记专门请来乡村教师、农民工、货运司机、种粮大户等基层代表,听取大家对"十四五"规划编制的意见和心声。只有真正了解群众所思所惑所盼,同人民想在一起,才能当好群众的知心人、贴心人、领路人。习近平总书记反复强调,要"想群众之所想,急群众之所急,

---

① 《习近平谈治国理政》第四卷,外文出版社2022年版,第65页。

解群众之所难"①，谁真正把人民放在心上，人民就会把谁放在心里。各级党员干部要以人民群众利益为重、以人民群众期盼为念，真诚倾听群众呼声，真实反映群众愿望，真情关心群众疾苦；要坚持工作重心下移，深入实际、深入基层、深入群众，做到知民情、解民忧、纾民怨、暖民心，多干让人民满意的好事实事，着力解决群众反映强烈的突出问题。

党的十八大以来，习近平总书记无论多忙，都要抽时间到乡亲们中走一走看一看。从南海之滨到塞北高原，从湘西大山到秦岭腹地，从南疆绿洲到林海雪原，习近平总书记跋山涉水，不辞辛劳。他始终坚持用脚步丈量民情，用真情温暖民心，把对人民的承诺转化为实实在在的措施。

在党的二十大报告中，习近平总书记强调，"坚持一切为了人民、一切依靠人民，从群众中来、到群众中去，始终保持同人民群众的血肉联系，始终接受人民批评和监督，始终同人民同呼吸、共命运、心连心"②。人民是我们党执政的最大底气，是共和国的坚

---

① 习近平：《在"七一勋章"颁授仪式上的讲话》，人民出版社2021年版，第3页。

② 习近平：《高举中国特色社会主义伟大旗帜　为全面建设社会主义现代化国家而团结奋斗——在中国共产党第二十次全国代表大会上的报告》，人民出版社2022年版，第70页。

第五章　江山就是人民　人民就是江山

实根基,是我们强党兴国的根本所在。只有坚定同人民站在一起,倾听人民心声,体察人民冷暖,才能更深入地贴近群众,更扎实地植根人民。各级党员干部无论职位高低都是人民公仆,要坚持人民立场,"把屁股端端地坐在老百姓的这一面"①,真正把自己当作群众的一员、把群众的事当作自己的事。

当前,世界正经历百年未有之大变局,我国正处于实现中华民族伟大复兴的关键时期,我们需要应对的风险和挑战、需要解决的矛盾和问题比以往更加错综复杂。越是艰难险阻,越是风高浪急,就越要牢牢植根于人民之中,真正同人民站在一起、想在一起、干在一起,风雨同舟、同甘共苦。唯有如此,才能"任凭风浪起,稳坐钓鱼船"。

---

① 《习仲勋文选》,中央文献出版社 1995 年版,第 9—11 页。

第六章　人民对美好生活的向往就是我们的奋斗目标

> 我们的人民热爱生活，期盼有更好的教育、更稳定的工作、更满意的收入、更可靠的社会保障、更高水平的医疗卫生服务、更舒适的居住条件、更优美的环境，期盼着孩子们能成长得更好、工作得更好、生活得更好。人民对美好生活的向往，就是我们的奋斗目标。
> ——习近平总书记同中外记者见面时的讲话

为人民而生，因人民而兴，始终同人民在一起，为人民利益而奋斗，是我们党立党兴党强党的根本出发点和落脚点。习近平总书记饱含深情地说，"让人民生活幸福是'国之大者'"[1]，"世界上最大的幸福莫过于为人民幸福而奋斗"[2]，"人民对美好生活的向往，

---

[1]《解放思想深化改革凝心聚力担当实干　建设新时代中国特色社会主义壮美广西》，《人民日报》2021年4月28日。
[2]《习近平谈治国理政》第四卷，外文出版社2022年版，第554页。

第六章 人民对美好生活的向往就是我们的奋斗目标

就是我们的奋斗目标"①。进入新时代和新发展阶段以来，以习近平同志为核心的党中央紧扣新时代社会主要矛盾的转化，扎根人民群众实践生活，从人民群众的根本需要出发，为推进高质量发展、创造高品质生活、不断满足人民对美好生活的向往提供和奠定了实践基础、理论基础和制度基础，推动社会主义现代化建设成果更多更公平惠及全体人民，推动共同富裕取得更为明显的实质性进展，把14亿多中国人民凝聚成推动中华民族伟大复兴的磅礴力量。

一、实现好、维护好、发展好最广大人民根本利益

治国有常，利民为本。习近平总书记强调，"党的一切工作，必须以最广大人民根本利益为最高标准。检验我们一切工作的成效，最终都要看人民是否真正得到了实惠，人民生活是否真正得到了改善，人民权益是否真正得到了保障"②。中国共产党是为人民群众谋利益的党，必须时刻牢记为民造福这一本质要求，从人民群众的根本利益出发谋发展、促发展，兼顾人

---

① 《习近平谈治国理政》，外文出版社2014年版，第4页。
② 《习近平谈治国理政》，外文出版社2014年版，第28页。

民群众的当前利益和长期利益,促进社会全面发展进步,扎实推进共同富裕,增进民生福祉,促进人的全面发展,在团结奋斗中不断实现人民对美好生活的向往,续写新时代中国特色社会主义事业新篇章。

中国共产党自1921年成立以来,始终把让人民过上幸福美好的生活作为奋斗目标,而要满足人民群众对美好生活的向往,就必须明确把握人民群众的根本利益。马克思在《共产党宣言》中指出,共产党人"没有任何同整个无产阶级的利益不同的利益"[1]。中国共产党百年来苦难辉煌的历程,就是一幅幅为中国人民谋幸福、为中华民族谋复兴历史画卷的凝合,就是党深入人民群众现实生活,切实把握人民群众最根本利益,全心全意为人民服务、贯彻人民至上理念的真实写照。

中国之治始终把人民利益放在至高无上的位置,党在各个时期都是最广大人民根本利益的忠实代表。

鸦片战争之后,中国人民遭受残酷的封建压迫和残忍的民族压迫,国内各阶级和政治力量前赴后继地投身于救国救民的英雄斗争中,但这些活动无一不以失败告终。中华民族和中国人民面临着空前的民族危

---

[1] 《马克思恩格斯选集》第一卷,人民出版社2012年版,第413页。

第六章 人民对美好生活的向往就是我们的奋斗目标

机和遭遇着前所未有的苦难,追求民族独立、国家自主和人民生活稳定就成了最广大人民群众的根本利益和迫切愿望。在这艰难困苦的百年奋斗历程中,涌现了不同阶级的能人志士,他们渴望拯救国家于危难之中,发动了不同的救国运动,其中包括洪秀全领导的太平天国农民运动,以康有为、梁启超为代表的戊戌变法,以孙中山为首的辛亥革命等,但这些救国探索均以失败告终。原因是领导这些运动的政治阶级囿于历史或阶级限制,提出的政治主张和救国道路始终无法触及最广大人民群众的根本利益,也就无法领导全国人民实现民族解放、人民幸福的历史任务。十月革命一声炮响,为中国送来了马克思列宁主义。以马克思列宁主义为根本理论指导的中国共产党,时刻牢记马克思的人民观,将人民立场作为自己的根本立场,坚持为谋求广大人民的根本利益而奋斗。以毛泽东同志为代表的中国共产党人积极践行党的群众路线,反映了广大人民渴望民族独立、过上稳定幸福生活的强烈愿望,从而得到了广大人民群众的支持和拥护,最终取得了新民主主义革命的伟大胜利,巩固了中国共产党的人民立场。

新中国成立后,保障人民当家作主、实现国家富强和人民富裕成了广大人民群众的根本利益。这一时期的中国共产党坚持以人民为中心的发展思想，深刻把握人民群众的利益诉求，顺利完成了从新民主主义到社会主义的过渡，实现了从封建专制向人民民主的伟大飞跃；同时顺利进行"三大改造"，积极推进社会主义建设，努力建设繁荣富强的社会主义工业化、现代化国家，着力满足人民群众提高物质生活水平的根本利益需求。党的十一届三中全会后，在邓小平理论的指导下，我们党确立了"一个中心，两个基本点"的基本路线，这体现了我国社会主义初级阶段的基本国情，集中反映了新时期党集中力量发展生产力、满足人民群众对经济文化迅速发展的利益需要这一中心任务。迈入千禧年后，面对世纪之交时错综复杂的国内外局势，以江泽民同志为核心的党中央领导集体迎难而上，将始终如一地为人民谋利益作为共产党人的根本价值遵循，提出了中国共产党要始终代表最广大人民的根本利益这一科学论断，为中国共产党执政提供了明确的目标指引，即推进现代化建设、完成祖国统一、维护世界和平与促进共同发展的三大历史任务，同时不断满足人民日益增长的物质文化需要。

步入新时代后，以习近平同志为核心的党中央把人民对美好生活的向往作为奋斗目标，自觉把人民的利益摆在至高无上的地位。不同于以往任何社会制度，

第六章 人民对美好生活的向往就是我们的奋斗目标

中国特色社会主义始终代表最广大人民群众最根本的利益。中国特色社会主义进入新时代，我国社会主要矛盾已经转化为人民日益增长的美好生活需要和不平衡不充分的发展之间的矛盾。要做到化解新矛盾、满足新期待、实现新发展，就必须秉持以人民为中心的发展思想，着眼于人民最为期盼、最为关切之事，推动改革发展成果更多更公平惠及全体人民，着力解决我国发展不平衡不充分的问题，在更高水平上满足人民日益增长的美好生活需要。

党的二十大指出，经过全党和各族人民的共同奋斗，我们实现了小康这个中华民族的千年梦想，打赢了人类历史上规模最大的脱贫攻坚战，历史性地解决了绝对贫困问题，以奋发有为的精神推动了新时代中国特色社会主义事业不断前进。党深入贯彻以人民为中心的发展思想，在幼有所育、学有所教、劳有所得、病有所医、老有所养、住有所居、弱有所扶上持续用力，建成世界上规模最大的教育体系、社会保障体系和医疗卫生体系，大大充实和保障了人民群众的获得感、幸福感和安全感，共同富裕取得新成效。[①] 全党深

[①] 习近平：《高举中国特色社会主义伟大旗帜　为全面建设社会主义现代化国家而团结奋斗——在中国共产党第二十次全国代表大会上的报告》，人民出版社2022年版，第10—11页。

刻把握人民群众根本利益，强调全面实现人民美好生活向往，实现了第一个百年奋斗目标。

历史和实践证明，中国共产党在各个历史时期都是最广大人民群众根本利益的忠实代表。自觉履行全心全意为人民服务的根本宗旨，是我们党以最广大人民利益为一切工作的出发点和落脚点的根本体现，也是党能够得到人民群众的拥护和支持、稳固执政之基的根本原因，是我们党的事业不断取得胜利的根本保证。面向新时代和新发展阶段，中国共产党人肩负了更加伟大和崇高的历史使命，党只有始终代表最广大人民群众的根本利益，以实现好、维护好、发展好广大人民群众的根本利益为己任，才能获得不竭的力量源泉，才能团结带领人民群众共同致力于全面建设社会主义现代化国家，让现代化建设成果更好地惠及人民。

二、紧紧围绕社会主要矛盾推进各项工作

深刻认识社会主要矛盾及其转化，有助于我们更好地理解和把握新时代人民群众对美好生活的新需求，从而制定相应战略措施，并以此推动中国特色社会主义现代化建设不断前进。社会主要矛盾是在新的历史方位背景下作出的科学论断，是马克思主义矛盾理论

第六章　人民对美好生活的向往就是我们的奋斗目标

在中国共产党治国理政实践中的创造性运用和发展。党的百年奋斗历程告诉我们，社会主要矛盾的廓清表明了人民群众的根本利益，指明了党为了实现人民群众美好生活需求的努力方向。因此，党和人民事业能不能沿着正确方向前进，取决于我们能否准确认识和把握社会主要矛盾、确定中心任务。

（一）确保党和人民事业沿着正确方向前进

习近平总书记指出："党和人民事业能不能沿着正确方向前进，取决于我们能否准确认识和把握社会主要矛盾、确定中心任务。"[①] 抓住社会主要矛盾和中心任务带动全局工作，既是我们党长期奋斗积累的重要经验，也是我们奋进全面建设社会主义现代化国家新征程要牢牢掌握的思想和工作方法。

进入新时代，习近平总书记指出，"明确我国社会主要矛盾是人民日益增长的美好生活需要和不平衡不充分的发展之间的矛盾，并紧紧围绕这个社会主要矛盾推进各项工作，不断丰富和发展人类文明新形态"[②]。党的二十大确定了中国共产党的中心任务，把握了发

[①]《习近平谈治国理政》第四卷，外文出版社2022年版，第30页。
[②] 习近平：《高举中国特色社会主义伟大旗帜　为全面建设社会主义现代化国家而团结奋斗——在中国共产党第二十次全国代表大会上的报告》，人民出版社2022年版，第7页。

展全局,抓住了主要矛盾,明确了事业发展的方向和重点,从而确保党和人民事业沿着人民实现美好生活向往的正确方向前进。100多年来,党善于随着主要矛盾转换及时调整中心任务,并据此制定了正确的政策和战略,确保了我们党的正确前进方向。

矛盾论是我们党认识和解决主要矛盾的有力工具,马克思主义学者曾在多个方面论述了矛盾的普遍性,同时也都强调了要重视把握和解决主要问题和主要矛盾的认识方法。恩格斯指出:"为了达到伟大的目标和团结,为此所必需的千百万大军应当时刻牢记主要的东西,不因那些无谓的吹毛求疵而迷失方向。"[1] 列宁在《俄共(布)中央委员会政治报告》中也再次强调:"政治事态总是非常错综复杂的。它好比一条链子。你要抓住整条链子,就必须抓住主要环节。"[2]

在马克思主义中国化的探索中,矛盾论是帮助中国共产党认识和判断我国社会主要矛盾的思想指引,而对社会主要矛盾的清晰认识和正确判断则是中国共产党领导中国革命、建设和改革的坚实保障。辩证唯物主义认为,人的认识和实践活动就是不断认识和解决矛盾的过程。主要矛盾在事物发展中起着主导的、

---

[1] 《马克思恩格斯全集》第三十八卷,人民出版社1972年版,第270页。
[2] 《列宁全集》第四十三卷,人民出版社2017年版,第8—15页。

第六章 人民对美好生活的向往就是我们的奋斗目标

决定的作用,规定或影响其他矛盾的存在和发展。准确把握矛盾的地位和作用具有重要的方法论意义。毛泽东同志曾经指出:"对于矛盾的各种不平衡情况的研究……成为革命政党正确地决定其政治上和军事上的战略战术方针的重要方法之一,是一切共产党人都应当注意的。"① 抓住事物的主要矛盾和主要方面,是马克思主义认识论的重要内容。

十月革命为中国共产党送来了马克思主义,以马克思主义思想为行动指南的中国共产党在充分结合中国特殊国情和实践经验的基础上,创新性运用和创造性转化了马克思主义基本原理,形成了较为系统的具有中国特色的矛盾理论。首先,中国共产党认识到在社会矛盾系统中,生产力和生产关系之间的矛盾、经济基础和上层建筑之间的矛盾依然是人类社会的基本矛盾,同时也是社会主义社会的基本矛盾,并且这两对矛盾始终是推动社会主义社会不断发展和进步的根本动力。只有从生产力与生产关系的矛盾运动中解释社会形态的变迁和发展,只能以社会生产力的发展情况作为评判一定社会制度和政策以及一定政党的主张和行为是否合理的根本标准,这样才是对社会发展客

---

① 《毛泽东选集》第一卷,人民出版社1991年版,第326—327页。

观规律的尊重，才是对实现人民群众根本利益、满足人民群众根本需求的根本遵循。

其次，要正确认识矛盾的普遍性，就必须承认矛盾存在的客观性。毛泽东同志强调全体党员都应具有问题意识，他指出："问题就是事物的矛盾。哪里有没有解决的矛盾，哪里就有问题。"① 马克思也指出："主要的困难不是答案，而是问题。"② 问题是对矛盾的理性把握，一个国家和民族想要不断前进和发展，一个国家的人民能否安居乐业，就在于一国的执政党能否做到勤于发现问题，乐于分析问题，善于解决问题。树立问题意识、坚持问题导向，是新的时代条件下党开创事业发展新局面的必然要求。

最后，需要充分意识到矛盾具有特殊性，针对我国不同阶段的主要矛盾要做到从实际出发，实事求是，具体问题具体分析。不同事物在不同阶段的矛盾都具有特殊性，而不同矛盾要用不同的方法加以解决。中国共产党坚持以两点论和重点论相结合的矛盾分析方法来解决主要矛盾以及主要矛盾的主要方面，强调"牵住牛鼻子"，从而为后来解决主要矛盾提供正确方向和科学指导。正是在矛盾论的指导下，中国共产党

---

① 《毛泽东选集》第三卷，人民出版社1991年版，第839页。
② 《马克思恩格斯全集》第四十卷，人民出版社1982年版，第289页。

第六章 人民对美好生活的向往就是我们的奋斗目标

才能对我国社会主要矛盾作出更为科学和正确的判断,才能根据社会历史发展情况准确把握人民不断变化的需求,从而不断满足人民对美好生活的向往。

(二) 社会主要矛盾具有特殊性和时代性

在我国社会历史发展的不同时期,社会主要矛盾都具有特殊性,且随着时代发展而不断变化。中国共产党自成立以来,科学分析和准确把握了各个历史时期的社会主要矛盾,顺应了中国革命、建设、改革的重大变迁和历史发展大势,并以此作为党理论创新的逻辑起点和政策制定的现实依据。当前我国正处于全面建设社会主义现代化国家的关键时期,回顾我们党对社会主要矛盾的分析把握历程,从中汲取经验启示,对于实现第二个百年奋斗目标、让社会主义现代化建设成果更好惠及人民群众具有十分重要的理论和现实意义。

一百多年来,中国共产党围绕世情、国情和民情对我国社会主要矛盾进行了科学分析,站在国家、民族和人民的立场上鲜明提出了不同时期的社会主要矛盾,以此作为制定党的路线方针政策的基本依据。回顾建党以来百余年的发展,我国社会主要矛盾主要经历了四个阶段,发生了三次重大的演变。

新民主主义革命时期。鸦片战争之后,西方列强的无情掠夺和清政府的软弱无能使得近代中国逐渐陷入半殖民地半封建社会的深渊，人民群众备受压迫欺凌，这是近代中国的基本国情。1922年7月，党的二大揭示出中国社会的半殖民地半封建性质，第一次明确提出了反帝反封建的民主革命纲领。[1] 经过不断探索，1939年12月，毛泽东同志在《中国革命和中国共产党》中明确提出，"帝国主义和中华民族的矛盾，封建主义和人民大众的矛盾"[2] 是近代中国社会的主要矛盾，全国各族人民应该通过阶级斗争推翻帝国主义、封建主义和官僚资本主义这三座压在人民群众头上的大山。近代中国社会主要矛盾的廓清决定了近代以来中华民族所面临的两大历史任务，即求得民族独立和人民解放。为了完成反帝反封建的历史任务，以毛泽东同志为核心的党中央坚定为人民谋幸福的使命，贯彻全心全意为人民服务的宗旨，提出了新民主主义革命的总路线和革命纲领，并充分把握不同时期社会主要矛盾的变化，带领人民群众完成了土地革命、抗日战争、解放战争等革命行动，发动了以淮海战役为例的一系列为了人民、依靠人民的著名战役，团结带领

---

[1] 中共中央文献研究室、中央档案馆编：《建党以来重要文献选编（一九二一——一九四九）》第一册，中央文献出版社2011年版，第133页。
[2] 《毛泽东选集》第二卷，人民出版社1991年版，第631页。

第六章 人民对美好生活的向往就是我们的奋斗目标

全国人民取得了新民主主义革命的胜利，建立了中华人民共和国，实现了人民群众渴望民族独立与解放的利益需求。

社会主义革命和建设时期。新中国成立后，我国社会主要矛盾相应地发生了变化。在新中国成立初期，我国主要矛盾具体表现为人民大众同帝国主义、封建主义、官僚资本主义残余势力之间的矛盾。此时，党的中心任务是彻底打败这些反革命势力，同时恢复和发展战后国民经济，巩固新生的人民政权。经过三年努力，1952年，我国国民经济得到初步恢复，党完成了新民主主义革命的遗留任务，经济、政治与社会面貌发生巨大变化。过渡时期，党提出了"一化三改"的总路线和总任务，党的总目标也相应变为消灭资本主义私有制，建立社会主义基本制度。1956年，社会主义改造基本完成，社会主义制度建立起来，我国社会主要矛盾也发生了根本性变化。同年9月召开的党的八大指出："我们国内的主要矛盾，已经是人民对于建立先进的工业国的要求同落后的农业国的现实之间的矛盾，已经是人民对于经济文化迅速发展的需要同当前经济文化不能满足人民需要的状况之间的矛盾。"[①]

[①] 中共中央文献研究室编：《建国以来重要文献选编》第九册，中央文献出版社1994年版，第293页。

基于对社会主要矛盾的判断，我国的主要任务已经不再是进行阶级斗争，而是大力发展基础工业，提高生产力水平，又快又好地将我国从一个落后的农业大国建设成为工业大国。这一判断完全符合当时中国的基本国情，不仅满足了人民群众对于休养生息、发展经济的现实需要，同时也意味着中国共产党迈出了社会主义建设的重要步伐。

改革开放和社会主义现代化建设新时期。1978年，党的十一届三中全会果断停止"以阶级斗争为纲"，恢复了实事求是的思想路线，重新强调以经济建设作为全党工作重心，并作出了改革开放的伟大决策。1981年6月，党的十一届六中全会通过的《关于建国以来党的若干历史问题的决议》指出："在社会主义改造基本完成以后，我国所要解决的主要矛盾，是人民日益增长的物质文化需要同落后的社会生产之间的矛盾。"[1]这一论断提出后，得到历届党的全国代表大会的认可、发展和完善：党的十二大报告指出，"不断满足人民日益增长的物质文化需要是社会主义生产和建设的根本目的"[2]；随着改革开放和社会主义现代化建设实践的

---

[1] 中共中央文献研究室编：《三中全会以来重要文献选编》（下），中央文献出版社2011年版，第168页。

[2] 中共中央文献研究室编：《十二大以来重要文献选编》（上），中央文献出版社2011年版，第16页。

第六章　人民对美好生活的向往就是我们的奋斗目标

不断发展，党的十三大报告正式指出，"我们在现阶段所面临的主要矛盾，是人民日益增长的物质文化需要同落后的社会生产之间的矛盾"[①]；党的十四大正式将这一主要矛盾写入党章；党的十五大报告认为这个主要矛盾贯穿整个社会主义初级阶段；党的十六大报告也认可并坚持了此表述；党的十七大报告提出"两个没有变"，指出社会主义初级阶段的国情没有变、现阶段社会主要矛盾没有变。

中国特色社会主义新时代。党的十八大以来，我国取得了改革开放和社会主义现代化建设的历史性成就，党和国家事业全面开创了新局面，中国特色社会主义进入新时代。2017年10月，习近平总书记在党的十九大报告中明确指出："中国特色社会主义进入新时代，我国社会主要矛盾已经转化为人民日益增长的美好生活需要和不平衡不充分的发展之间的矛盾。"[②] 这是以习近平同志为核心的党中央站在马克思主义和人民立场上，坚持以辩证唯物主义和历史唯物主义理论武装自身，深刻把握时代脉搏，正确分析中国社会主要矛盾和基本国情后得出的科学论断。中国社会主要

[①] 中共中央文献研究室编：《十三大以来重要文献选编》（上），中央文献出版社2011年版，第11页。
[②] 中共中央党史和文献研究院编：《十九大以来重要文献选编》（上），中央文献出版社2021年版，第8页。

矛盾是基于对人民群众现实生活的深刻认识提出的，人民日益增长的美好生活需要和不平衡不充分的发展之间的矛盾作为新时代条件下新的社会主要矛盾，充分反映了人民群众多样化和差异化的需求。党和政府看到了人民群众不仅有饱食暖衣的基本需求，还有对良好教育系统、稳定医疗保障和健康生态环境的多样化需求。党中央正是在深入群众实际调查和生活中把握了社会主要矛盾的变化，对症下药地从人民群众的现实需要入手，维护了人民群众的根本利益。党中央对社会主要矛盾变化的科学分析，是中国共产党更好地从现实层面服务人民的基本保障。

三、让中国式现代化建设成果更多更公平惠及全体人民

实践证明，坚持以人民为中心的发展思想，努力从各个方面去不断满足人民需要，使全体人民共享现代化建设成果和利益，我们党才能得民心、顺民意，从根本上取得人民群众的拥护和支持。新时代以来，以习近平同志为核心的党中央秉持人民至上的发展理念，着眼于人民最为期盼、最为关切之事，推动改革发展和现代化建设成果更多更公平惠及全体人民，着

第六章 人民对美好生活的向往就是我们的奋斗目标

力解决我国发展不平衡不充分问题,在更高水平上满足了人民日益增长的美好生活需要。

坚持人民至上的执政理念,要求我们必须立足时代发展的新起点,站在新发展阶段,认真贯彻新发展理念,加快构建新发展格局,开启全面建设社会主义现代化国家的新征程,切实从人民群众各方面需求入手,不断增强人民群众获得感和幸福感。

(一)确保人民群众共享改革发展成果,带领人民群众走共同富裕道路

共同富裕是社会主义的本质规定和奋斗目标,也是中国人民自古以来的理想追求。党的二十大报告指出,"中国式现代化是全体人民共同富裕的现代化","我们坚持把实现人民对美好生活的向往作为现代化建设的出发点和落脚点,着力维护和促进社会公平正义,着力促进全体人民共同富裕,坚决防止两极分化"。[①]

共同富裕是中华民族千百年来的美好期盼,也是中国共产党矢志不渝的奋斗目标。我们党对推动共同富裕一以贯之。1955年10月,毛泽东同志在资本主义

[①] 习近平:《高举中国特色社会主义伟大旗帜 为全面建设社会主义现代化国家而团结奋斗——在中国共产党第二十次全国代表大会上的报告》,人民出版社2022年版,第22页。

工商业社会主义改造问题座谈会上指出:"这个富,是共同的富,这个强,是共同的强,大家都有份。"① 进入改革开放和社会主义现代化建设新时期,邓小平同志在前人探索的基础上,结合改革开放实践,创新性地继承和发展了社会主义的本质,丰富了共同富裕的内涵和实现道路,他指出:"社会主义最大的优越性就是共同富裕,这是体现社会主义本质的一个东西。"② 进入中国特色社会主义新时代,习近平总书记强调:"共同富裕是社会主义的本质要求,是中国式现代化的重要特征。"③ 强调要让改革发展成果更多更公平惠及全体人民,朝着实现全体人民共同富裕的目标稳步迈进,为人民群众实现美好生活打下坚实基础。

党的十八大以来,以习近平同志为核心的党中央牢牢把握发展阶段新变化,把逐步实现全体人民共同富裕摆在了更加重要的位置上,不断推动区域协调发展,采取有力措施保障和改善民生,解决了困扰我们千年的绝对贫困问题,打赢了脱贫攻坚战,全面建成了小康社会。现在,已经到了扎实推动共同富裕的历史阶段。为了推进全党全国向第二个百年奋斗目标迈

---

① 《毛泽东文集》第六卷,人民出版社1999年版,第495页。
② 《邓小平文选》第三卷,人民出版社1993年版,第364页。
③ 《习近平谈治国理政》第四卷,外文出版社2022年版,第142页。

第六章　人民对美好生活的向往就是我们的奋斗目标

进,让现代化建设成果更好惠及人民,就必须根据社会主要矛盾的变化及时转变执政理念与政策方针,把促进全体人民共同富裕作为为人民谋幸福的着力点,从而更好满足人民日益增长的美好生活需要。

(二) 保障人民当家作主,巩固全过程人民民主

人民民主是社会主义的生命,是全面建设社会主义现代化国家的应有之义。要使得现代化成果更好惠及人民,就必须坚持人民主体地位,充分体现人民意志、保障人民权益、激发人民创造活力。为了保证人民群众充分享有政治权利,党和国家站在人民立场上,坚定了"立党为公,执政为民"的公心,坚持党的领导、人民当家作主和依法治国的有机统一。同时,党和国家深化对民主政治发展规律的认识,提出全过程人民民主重要理念,健全人民当家作主的制度体系,充分发挥社会主义协商民主的重要作用,从各层次各领域扩大人民有序政治参与。

中国特色社会主义道路是历史的选择、是人民的选择,既是党和国家在充分尊重中国特色社会主义制度的本质属性——人民性的基础上而作出的正确政治选择,也是为了尊重全体人民的利益和愿望、充分捍卫社会正义的正确发展道路。民主是全人类的共同价

值,民心是执政党的最大财富,只有真正做到人民群众当家作主,全体人民才能依法管理国家事务和社会事务,人民群众才能畅通表达利益要求,社会主义现代化建设才能在生动活泼、安定团结的政治局面下稳步推进,人民群众才能在充分的人权和法治保障下参与现代化建设,并公平合理地共享现代化建设成果。

(三)繁荣发展社会主义先进文化,丰富人民群众精神文明

习近平总书记在党的二十大报告中指出:"中国式现代化是物质文明和精神文明相协调的现代化。物质富足、精神富有是社会主义现代化的根本要求。物质贫困不是社会主义,精神贫乏也不是社会主义。"[1] 马克思也曾指出,共产主义的最终目标就是实现每个人全面而自由的发展[2],这就要求我们促进物的全面丰富和人的全面发展。当高楼大厦在我国大地上遍地林立时,中华民族的精神大厦也应该巍然耸立。如果离开了肥沃的精神土壤,那么自由之花将永远不会在贫瘠

---

[1] 习近平:《高举中国特色社会主义伟大旗帜 为全面建设社会主义现代化国家而团结奋斗——在中国共产党第二十次全国代表大会上的报告》,人民出版社2022年版,第22—23页。

[2] 《马克思恩格斯选集》第一卷,人民出版社1995年版,第294页。

第六章 人民对美好生活的向往就是我们的奋斗目标

的精神世界中绽放。

全面推进社会主义现代化建设，让现代化建设成果更好惠及人民，就必须坚持推进社会主义精神文明建设，为人民群众提供团结思想的指引以及先进文化的滋养。为此，一方面，我们党以更加坚定、更加自觉的决心和行动推进文化自信自强，大力发展社会主义先进文化，以马克思主义为指导，立足中国实际，植根于中华优秀传统文化，通过不断改革创新形成了面向广大人民群众的、具有中华民族特色的中国特色文化。习近平总书记强调："在5000多年文明发展中孕育的中华优秀传统文化，在党和人民伟大斗争中孕育的革命文化和社会主义先进文化，积淀着中华民族最深层的精神追求，代表着中华民族独特的精神标识。"[1]另一方面，在推进精神文明建设的过程中，我们坚持繁荣发展社会主义先进文化必须依靠人民群众主体地位，尊重人民首创精神，不断激发人民群众文化创新与创造活力。在改革开放和现代化建设的漫漫征途中，广大人民群众依靠自身奋斗和努力，谱写了数不胜数的光辉成就，为先进文化的创造提供了丰富的题材、伟大的人物、充沛的情感和激昂的精神。社会主义先

---

[1] 习近平：《在庆祝中国共产党成立95周年大会上的讲话》，《求是》2021年第8期。

进文化源自人民,充分体现人民群众根本利益,离开人民的实际生活,就会变成无源之水、无本之木。因此,必须坚持人民至上的发展理念,把人民的满意度作为社会主义先进文化的唯一评价标准,才能推动文化发展成果更多更公平惠及全体人民,才能满足人民群众对美好生活的更高需求。

(四)构建人与自然和谐共生的生态文明

习近平总书记在党的二十大报告中指出:"中国式现代化是人与自然和谐共生的现代化。"[①] 准确把握这一精辟论断的科学内涵,对全面推进社会主义现代化建设至关重要。构建绿色生态文明,就是要保障民安,让人民群众在更优美健康的生活环境中享有更多物质文明成果,这也是中国共产党能够赢得人民支持与拥护的环境保障。

构建人与自然和谐共生的生态文明,是满足人民群众美好生活的必然要求,是坚持人民至上理念的重要特征,也是我们党不忘初心、牢记使命的重要体现。推进生态文明建设,就要全面贯彻创新、协调、绿色、开放、共享的新发展理念,把生态文明建设纳入"五

---

① 习近平:《高举中国特色社会主义伟大旗帜 为全面建设社会主义现代化国家而团结奋斗——在中国共产党第二十次全国代表大会上的报告》,人民出版社2022年版,第23页。

第六章 人民对美好生活的向往就是我们的奋斗目标

位一体"总体布局,把坚持人与自然和谐共生纳入新时代推进社会主义现代化建设的基本方略,把建设美丽中国纳入建成社会主义现代化强国的战略目标。习近平总书记提到,"让老百姓呼吸上新鲜的空气、喝上干净的水、吃上放心的食物、生活在宜居的环境中、切实感受到经济发展带来的实实在在的环境效益"[1]。为此,近些年来,党和政府采取了一系列有效的生态惠民措施,例如广泛开展退耕还林还草工程,大力开展污染治理工程,坚决践行"绿水青山就是金山银山"的生态理念;同时,党还切实关心人民群众对优质生态产品的迫切需求,广泛开展"菜篮子"工程,积极整治食品添加剂问题,为人民群众提供更加安全放心的绿色食品;努力改善城乡居民生活环境,大力倡导并认真执行垃圾分类,减少环境污染,提高城乡居民生活质量。

习近平总书记指出:"必须牢固树立和践行绿水青山就是金山银山的理念,站在人与自然和谐共生的高度谋划发展。"[2] 人民群众对绿水青山的需要指引我们

---

[1] 中共中央文献研究室编:《习近平关于社会主义生态文明建设论述摘编》,中央文献出版社2017年版,第33页。
[2] 习近平:《高举中国特色社会主义伟大旗帜 为全面建设社会主义现代化国家而团结奋斗——在中国共产党第二十次全国代表大会上的报告》,人民出版社2022年版,第16页。

保护自然、尊重自然,既要求我们满足人民对美好生态环境的需求,又要求我们满足人民对美好生活的需求,实现人与自然的和谐共生。

四、靠辛勤劳动创造人世间幸福

习近平总书记在全国脱贫攻坚总结表彰大会上深刻指出:"人民是真正的英雄,激励人民群众自力更生、艰苦奋斗的内生动力,对人民群众创造自己的美好生活至关重要。只要我们始终坚持为了人民、依靠人民,尊重人民群众主体地位和首创精神,把人民群众中蕴藏着的智慧和力量充分激发出来,就一定能够不断创造出更多令人刮目相看的人间奇迹。"[①] 紧紧依靠人民的力量,充分发挥人民群众的积极性主动性,激励人民群众共同创造美好生活,既是中国共产党贯彻马克思主义人民观、坚守人民至上发展理念的基本要求,也是我们步入新时代、取得新成功、走向新辉煌的关键。

(一)充分发挥人民群众历史主体作用

2016年12月,习近平总书记主持召开中共中央政

[①] 《习近平谈治国理政》第四卷,外文出版社2022年版,第136页。

治局民主生活会时指出,"人民立场是马克思主义政党的根本政治立场,人民是历史进步的真正动力,群众是真正的英雄"①。人民至上理念充分体现了我们党全心全意为人民服务的宗旨和坚持人民主体地位的理念,是以习近平同志为核心的党中央在新时代对马克思主义人民观的继承和发展。

在马克思、恩格斯进行历史性会晤后合著的第一部作品《神圣家族》中,二人首次阐述了人民群众是历史的创造者、历史活动是群众的事业等观点,他们否定了历史发展是因为少数杰出人物贡献的英雄史观,提出了群众史观的思想,肯定了人民群众在历史上的地位。②他们指出历史是由人民群众所创造的,在社会历史的发展中,人民群众起着主导性作用,推动社会历史的发展和变化。

中国共产党在坚持马克思主义唯物史观的基础上,认识到了人民的主体地位和人民群众创造历史的作用,同时,我们党创造性地坚持和发展了马克思主义人民观,提出在尊重人民群众主体地位的同时充分发挥人民群众创造历史的作用,贯彻群众观点和群众路线,做到一切为了人民、一切依靠人民。正如毛泽东同志

---

① 《习近平谈治国理政》第二卷,外文出版社2017年版,第189页。
② 《马克思恩格斯全集》第二卷,人民出版社1957年版,第3—268页。

所说:"人民,只有人民,才是创造世界历史的动力。"① 人民群众有着无尽的智慧和力量。党自成立以来,就坚持不断紧密团结人民群众,充分发挥人民群众主体力量,尊重人民群众的创造力。这不仅是对马克思主义人民观和群众路线的继承与升华,同时也体现了我党对人民群众主体地位的高度重视,体现了我们党始终将广大人民群众的根本利益放在首位,对于不断满足人民群众美好生活需要、推进中国特色社会主义事业、团结和领导各族人民实现中华民族伟大复兴具有重要的理论和现实意义。

(二)在共同奋斗中创造美好生活

奋斗是创造美好生活的根本途径。习近平总书记指出:"党用伟大奋斗创造了百年伟业,也一定能用新的伟大奋斗创造新的伟业。"② 实现人民对美好生活的向往,不仅仅要依靠中国共产党的领导,也要充分发挥人民群众的主体力量。习近平总书记指出:"幸福生活都是奋斗出来的。"③ 这就是中国共产党人关于人民

---

① 《毛泽东选集》第三卷,人民出版社1991年版,第1031页。
② 习近平:《高举中国特色社会主义伟大旗帜　为全面建设社会主义现代化国家而团结奋斗——在中国共产党第二十次全国代表大会上的报告》,人民出版社2022年版,第71页。
③ 《习近平谈治国理政》第四卷,外文出版社2022年版,第142页。

群众的劳动实践创造幸福的精辟阐释。唯物史观认为，劳动实践创造了人类生活的一切，人民幸福是人民自己劳动实践的结果。在《1844年经济学哲学手稿》中，马克思也指出劳动和生产是人的根本活动，是人类生存和发展的基础。只有通过劳动，人才能实现自身价值，才能发挥主动性和创造性，才能展现自身的主体性地位，最终成为历史的主人。[①]

党的十八大以来，为了尊重人民群众主体地位，发挥人民群众的首创精神，习近平总书记围绕"奋斗""幸福"等主题，以实现人民幸福生活为奋斗目标，发表了一系列具有中国特色的社会主义理论，团结带领全国各族人民充分发扬奋斗精神，为创造和实现人民群众美好生活而作出了不懈努力。在继承和发扬中国共产党的奋斗精神、传承和发展中华优秀传统文化的基础上，我们党带领人民群众形成了以创造美好生活、实现人民幸福为核心目标的习近平总书记的奋斗幸福观。

作为马克思主义中国化的创新理论成果，习近平总书记的奋斗幸福观立足中国特色社会主义，为建成社会主义现代化强国提供了坚定的理论指导，是我国

[①] 《马克思恩格斯文集》第一卷，人民出版社2009年版，第162—163页。

实现第二个百年奋斗目标的精神指引，对实现中华民族伟大复兴的中国梦具有强大的理论价值和实践意义。其中，习近平总书记着重强调，劳动创造幸福。在2018年2月14日举办的春节团拜会中，习近平总书记提到，"只有奋斗的人生才称得上幸福的人生"①。自古以来，不论是在革命战争年代，还是在和平发展时期，中国人民就不断通过自己的奋斗，创造属于自己的物质和精神财富。不论是在"天行健，君子以自强不息"等古语中，还是在毛泽东同志一直践行的"与天奋斗，其乐无穷；与地奋斗，其乐无穷；与人奋斗，其乐无穷"的人生箴言中，奋斗的精神基因一直镌刻在中华儿女的民族血脉之中。奋斗是一种精神，一种能够激励全体中华儿女团结一心、共同奋斗，从而实现对美好生活向往的力量源泉。我们在奋斗中创造了今天来之不易的幸福生活，也必将在持续奋斗中开创美好生活的光明未来。

伟大实践造就伟大精神，伟大精神持续指引伟大实践。在中华民族进行革命、建设、改革的伟大征程中，中国共产党团结带领全国各族人民进行伟大斗争，紧紧依靠人民群众，同人民群众生死相依、同甘共苦、

---

① 习近平：《在二〇一八年春节团拜会上的讲话》，《人民日报》2018年2月15日。

第六章 人民对美好生活的向往就是我们的奋斗目标

艰苦奋斗，是我们有效应对风雨来袭和各种危难局面的坚强保证；广大人民群众坚定拥护党的领导，踔厉奋发、勇毅前行，以坚定的信念、大爱的胸怀、忘我的精神和顽强的奋斗为全面建设社会主义现代化国家、全面推进中华民族伟大复兴而团结奋斗。中华儿女在艰苦革命实践中孕育出的伟大奋斗精神，是我们夺取伟大胜利的强大精神力量，也是我们民族精神的最佳写照。

积土而为山，积水而为海，在百年的历史长河中，无数共产党人为了追求民族解放、人民幸福贡献了自己的生命，此外还有更多通过自身辛勤劳动创造美好生活的劳动模范，例如"铁人"王进喜、摘取科学皇冠明珠的陈景润、"杂交水稻之父"袁隆平、新时代高级技师洪家光……他们以高度的责任感、卓越的劳动创造、忘我的拼搏奉献，谱写出了一曲曲可歌可泣的动人赞歌，为全国各族人民树立了光辉的劳动榜样。他们无私奉献、艰苦奋斗的精神成为激励中国人民探索伟大复兴道路的强大动力，也是广大人民群众通过奋斗实现对美好生活向往的历史缩影。

习近平总书记指出："奋斗是曲折的，'为有牺牲多壮志，敢教日月换新天'，要奋斗就会有牺牲，我们要始终发扬大无畏精神和无私奉献精神。奋斗者是精神最为富足之人,也是最懂得幸福、最享受幸福的人。"① 他强调,实现中国梦,创造全体人民更加美好的生活,任重而道远,需要我们每一个人继续付出辛勤劳动和艰苦努力。② 人民群众是历史的创造者,是弘扬奋斗精神的伟大实践主体,人民群众的实践决定着历史的发展趋势和方向。弘扬奋斗精神,一方面,要增强奋斗自觉,通过理论宣传和舆论引领,不断激发人民群众的奋斗激情,唤起人民群众追求梦想、开天辟地的思想和行动自觉;另一方面,人民群众也要不断增强奋斗本领,以伟大的奋斗实践推动伟大创新,不断增强创造美好生活、满足美好生活需求的能力。

中国共产党只有坚持全心全意为人民服务的根本宗旨,树牢群众观点,贯彻群众路线,尊重人民首创精神,坚持一切为了人民、一切依靠人民,从群众中来、到群众中去,始终保持同人民群众的血肉联系,始终接受人民批评和监督;广大人民群众只有毫不动摇坚持党的全面领导,坚决捍卫"两个确立",忠实践行"两个维护",把党的领导落实到党和国家事业各领域各方面各环节——党和人民才能始终想在一起、干在一起,才

---

① 习近平:《在二〇一八年春节团拜会上的讲话》,《人民日报》2018年2月15日。
② 习近平:《在第十二届全国人民代表大会第一次会议上的讲话》,人民出版社2013年版,第6页。

能凝聚起磅礴的力量,把精神力量转化为满足人民美好生活需要的物质力量,使宝贵的精神财富和伟大的奋斗实践成为推动中华民族伟大复兴的强大动力。

第七章　始终坚持以人民为中心的发展思想

坚持以人民为中心的发展思想。维护人民根本利益，增进民生福祉，不断实现发展为了人民、发展依靠人民、发展成果由人民共享，让现代化建设成果更多更公平惠及全体人民。
　　——习近平总书记在中国共产党第二十次全国代表大会上的报告

中国共产党的根本宗旨是全心全意为人民服务，我们的国家是人民当家作主的社会主义国家。以人民为中心的发展思想是以习近平同志为核心的党中央在新时代对人民性这一马克思主义的本质属性的创新性发展。坚持以人民为中心的发展思想是新阶段和新征程上必须牢牢把握的五个重大原则之一。当前我国发展处在新的历史方位，发展不平衡不充分的问题已经成为满足人民日益增长的美好生活需要的主要制约因

第七章　始终坚持以人民为中心的发展思想

素。在实现第二个百年奋斗目标新的赶考之路上，必须坚持以人民为中心的发展思想，做到发展为了人民、发展依靠人民、发展成果由人民共享，促进社会公平正义，促进人的全面发展，扎实推动全体人民共同富裕。

一、人民是我们党执政的最大底气

在二十届中共中央政治局常委同中外记者见面时，习近平总书记强调："前进道路上，无论是风高浪急还是惊涛骇浪，人民永远是我们最坚实的依托、最强大的底气。"① 党的十八大以来，以习近平同志为核心的党中央统筹中华民族伟大复兴战略全局和世界百年未有之大变局，面对我国社会主要矛盾变化和错综复杂的国际环境，把赢得民心民意、汇集民智民力作为党和国家各项工作的重要着力点，团结带领人民攻坚克难、开拓前进，不断开创中国特色社会主义新局面。

（一）坚持人民至上的根本政治立场

坚持人民至上，是以习近平同志为核心的党中央

---

① 习近平：《始终坚持一切为了人民一切依靠人民　以中国式现代化全面推进中华民族伟大复兴》，《人民日报》2022年10月24日。

治国理政的鲜明特点。中国共产党代表中国最广大人民根本利益,没有任何自己特殊的利益,把人民对美好生活的向往作为奋斗目标,紧紧抓住社会主要矛盾确定中心工作,努力为人民创造更美好更幸福的生活。

习近平总书记指出:"以人民为中心的发展思想,不是一个抽象的、玄奥的概念,不能只停留在口头上、止步于思想环节,而要体现在经济社会发展各个环节。"[①] 以人民为中心的发展思想要贯穿在治国理政的各领域和全过程,体现在新时代我国改革发展稳定、内政外交国防、治党治国治军等各个环节,落实在各项决策部署和实际工作之中。

在中国共产党的坚强领导和中国人民的不懈努力下,我国从一个积贫积弱的低收入国家跃升为上中等收入国家,成为世界第二大经济体、第一大工业国、第一大货物贸易国、第一大外汇储备国,综合国力和人民生活水平都实现了稳步提升。新时代新征程,我们要准确把握"两步走"的战略安排,将全面建设社会主义现代化国家战略部署落到实处,在发展中保障和改善民生,不断实现人民对美好生活的向往,推动

---

① 中共中央文献研究室编:《习近平关于全面建成小康社会论述摘编》,中央文献出版社2016年版,第158页。

第七章 始终坚持以人民为中心的发展思想

人的全面发展、全体人民共同富裕取得更为明显的实质性进展。

(二) 坚持人民在经济社会发展中的主体地位

人民是历史的创造者,是决定党和国家前途命运的根本力量。回望过去,我们党紧紧依靠人民交出了一份又一份载入史册的答卷;面向未来,我们党仍然要紧紧依靠人民创造新的历史伟业。

人民当家作主是社会主义民主政治的本质特征。我国是人民当家作主的社会主义国家,人民是国家的主人。中国社会主义民主立足中国历史文化和现实国情,是广泛、真实、管用的民主,用制度体系保证亿万人民群众广泛参与国家治理和社会治理,具有鲜明的中国特色、显著的制度优势和强大的生命力。

人民是改革的主体,必须依靠人民创造历史伟业。营造尊重劳动、尊重知识、尊重人才、尊重创造的社会氛围,不断增强全社会的创新活力,使广大人民群众成为推动经济社会发展的强大力量,把以人民为中心体现到经济社会发展各个环节,依靠人民把新时代中国特色社会主义不断推向前进。

(三) 发展的最终目的是实现人的全面发展

人民群众在推动社会进步的过程中实现自身发展,

要在扎实推进共同富裕中持续推进人的全面发展，把不断推进人的全面发展贯彻到党和国家各项事业和工作中。

进入新时代，人民对美好生活的向往总体上已经从"有没有"转向"好不好"，呈现多样化、多层次、多方面的特点。高质量发展旨在满足人民美好生活需要，既要求经济富裕，也要求政治民主、文化繁荣、社会公平和生态良好。因此，要大力发展生产力，使社会物质财富更加充裕，不断提高人民生活水平；要发展社会主义民主政治，依法扩大人民有序参与政治，保障人民平等参与、平等发展权利；要增强文化自信自强，丰富人民的精神文化生活；要增进民生福祉，不断增强人民群众的获得感、幸福感、安全感；要走绿色发展、循环发展、低碳发展的可持续发展道路，促进人与自然和谐共生。

二、人民是推动发展的根本力量

以人民为中心的发展思想由"以人民为中心"思想和"发展"思想两部分组成，既强调人民至上的鲜明立场，又强调发展这个党执政兴国的第一要务。从以经济建设为中心到以人为本、全面、协调、可持续

第七章　始终坚持以人民为中心的发展思想

的发展观,再到以人民为中心的发展思想,体现了马克思主义发展观在我国的不断丰富和发展、与时俱进,是对不同发展阶段"什么是发展、为什么发展和怎样发展"等问题的深刻认识和回答,不断开创中国马克思主义发展哲学的新形态和新境界。

(一)坚持以人民为中心的发展思想是对世界社会主义运动教训的反思借鉴

作为世界上第一个社会主义国家,苏联的社会主义建设曾经取得了辉煌的成就,在其领导下形成了与西方资本主义阵营相对峙的社会主义阵营,在经济、军事实力上曾一度与美国相抗衡。从总体上看,苏联解体是由一系列因素交互作用的结果,但最根本原因是苏联共产党在本质上脱离了人民。苏联解体的教训告诫我们:任何国家和政党,如果不能代表人民的利益,脱离人民,最终必将被人民所抛弃。[1]

以习近平同志为核心的党中央深刻总结世界社会主义运动经验教训,将能否坚持以人民为中心提升到党和国家前途命运的高度来认识,提出了"江山就是人民,人民就是江山"等重要论述,强调"一个政党,

---

[1] 孙成武、张亚琴:《党的二十大对以人民为中心发展思想的新贡献》,《北京交通大学学报》(社会科学版)2022年第4期。

一个政权,其前途和命运最终取决于人心向背。如果我们脱离群众、失去人民拥护和支持,最终也会走向失败"[1]。

（二）坚持以人民为中心的发展思想是对改革开放和社会主义现代化建设经验的深刻总结

新时期中国实行的改革开放,本质上是以人民为中心的改革开放,是由以"阶级斗争为纲"转向以经济建设为中心,以经济发展和物质的丰富使我国人民生活水平大幅提高、国民经济快速发展、综合国力显著提升的过程。坚持"以人为本"的科学发展观进一步强调,发展最终要落脚到人的发展上,体现了我们党对生产力发展和人的发展关系认识的不断深化。

回顾我国改革开放40多年的伟大实践进程,我们党所提出的一系列路线、方针和政策充分体现了以人民为中心的价值导向,所取得的一系列伟大成就充分彰显了中国共产党人的人民立场,中国共产党领导的改革开放和中国特色社会主义事业也因此得到了广大人民群众的衷心支持和拥护。

---

[1] 《习近平谈治国理政》,外文出版社2014年版,第15—16页。

第七章　始终坚持以人民为中心的发展思想

（三）坚持以人民为中心的发展思想是新时代新征程党实现使命任务必须坚持的重大原则

我国发展仍处于并将长期处于重要战略机遇期，同时也面临诸多矛盾叠加、风险隐患增多的严峻挑战。党的十八大以来，以习近平同志为核心的党中央在坚持以经济建设为中心不动摇的基础上，着眼于新的发展实践，提出坚持以人民为中心的发展思想，反映了我们党对社会主义本质要求和发展方向的科学把握。

坚持以人民为中心的发展思想是新发展理念的价值导引与基本遵循。新发展理念从我国经济社会发展中存在的问题出发，坚持发展为了人民、发展依靠人民、发展成果由人民共享，彰显着人民至上的价值取向。以新发展理念推动经济从高速增长转向高质量发展，走创新成为第一动力、协调成为内生特点、绿色成为普遍形态、开放成为必由之路、共享成为根本目的的高质量发展之路，要求兼顾经济发展量的合理增长和质的稳步提升，协调推进经济、政治、文化、社会、生态等领域的建设，使发展成果真正惠及人民群众。

新发展理念是践行坚持以人民为中心的发展思想的具体路径和实现形式。新发展理念回应人民的期待与诉求,引领我国发展方式从五个方面实现重大转型:一是从过去高度依赖人口红利、土地红利的要素驱动及投资驱动的发展模式转向创新驱动发展,强调把创新摆在国家发展全局的核心位置,不断推进理论创新、制度创新、科技创新、文化创新等各方面创新;二是从不协调、不平衡、不可持续的发展转向协调发展,牢牢把握中国特色社会主义事业总体布局,正确处理发展中的重大关系,不断增强发展的整体性;三是从高污染、单纯追求 GDP 的粗放型的发展方式转向遵循自然规律的绿色发展,要求坚持节约资源和保护环境的基本国策,坚持可持续发展,形成人与自然和谐发展的现代化建设新格局;四是从低水平的开放转向更高水平的开放发展,强调必须顺应我国经济深度融入世界经济的趋势,奉行互利共赢的开放战略,构建广泛的利益共同体;五是从不公平、收入差距过大非均衡发展走向共同富裕,实现共享发展,使全体人民在共建共享发展中有更多获得感,实现全体人民共同富裕。①

---

① 王明生:《正确理解与认识坚持以人民为中心的发展思想》,《南京社会科学》2016 年第 6 期。

第七章　始终坚持以人民为中心的发展思想

三、紧紧依靠人民、不断造福人民、牢牢植根人民

中国共产党是为人民群众谋利益的党，必须时刻牢记为民造福这一立党为公、执政为民的本质要求，必须坚持人民至上、紧紧依靠人民、不断造福人民、牢牢植根人民，从人民群众的根本利益出发谋发展、促发展，在团结奋斗中不断实现人民对美好生活的向往，续写新时代中国特色社会主义事业新篇章。

（一）紧紧依靠人民，形成同心共圆中国梦的强大合力

实现中华民族伟大复兴是中华民族近代以来最伟大的梦想，是当代中华儿女共同的奋斗目标，与每个人的前途命运息息相关，必将吸引越来越多的人自觉把个人理想追求融入党和国家事业之中，为实现中华民族伟大复兴的中国梦凝聚力量、共同奋斗。

习近平总书记多次强调，全党全国各族人民要拧成一股绳，促进"各民族像石榴籽一样紧紧抱在一起"[①]，

[①] 《中国共产党第十九次全国代表大会文件汇编》，人民出版社2017年版，第32页。

要"找到最大公约数,画出最大同心圆"①。用共同理想把人民团结和凝聚起来,不断巩固全国各族人民大团结,加强海内外中华儿女大团结,形成同心共圆中国梦的强大合力,把14亿多中国人民凝聚成推动中华民族伟大复兴的磅礴力量。

（二）不断造福人民,树立为民造福的政绩观

时代是出卷人,我们是答卷人,人民是阅卷人。习近平总书记指出:"党的一切工作,必须以最广大人民根本利益为最高标准。检验我们一切工作的成效,最终都要看人民是否真正得到了实惠,人民生活是否真正得到了改善,人民权益是否真正得到了保障。"②

一切工作从人民的根本利益出发。广大党员干部要始终牢记为民造福是最大政绩,牢记权力是党和人民赋予的,做到权为民所用、情为民所系、利为民所谋,把人民满意不满意、高兴不高兴、答应不答应、赞成不赞成作为衡量党和国家一切工作的根本标准,始终接受人民批评和监督,力戒形式主义、官僚主义。

---

① 中共中央党校（国家行政学院）编:《习近平新时代中国特色社会主义思想基本问题》,人民出版社、中共中央党校出版社2020年版,第240页。
② 《习近平谈治国理政》,外文出版社2014年版,第28页。

第七章　始终坚持以人民为中心的发展思想

把"人民满意"作为工作的试金石。党的二十大报告指出:"在充分肯定党和国家事业取得举世瞩目成就的同时,必须清醒看到,我们的工作还存在一些不足,面临不少困难和问题","城乡区域发展和收入分配差距仍然较大;群众在就业、教育、医疗、托育、养老、住房等方面面临不少难题;生态环境保护任务依然艰巨;一些党员、干部缺乏担当精神,斗争本领不强,实干精神不足,形式主义、官僚主义现象仍较突出;铲除腐败滋生土壤任务依然艰巨,等等"。① 这些困难和问题能否得到有效解决,关系着人民对各项工作的满意程度。要充分发挥密切联系群众这个党最大的政治优势,以优良的作风为群众办实事,倾听群众心声,回应群众诉求,实现好、维护好、发展好最广大人民的根本利益。

(三)牢牢植根人民,永远保持同人民的血肉联系

中国共产党来自人民、扎根于人民。习近平总书记指出:"我们党要做到长期执政,就必须永远保持同人民群众的血肉联系,始终同人民群众想在一起、干

---

① 习近平:《高举中国特色社会主义伟大旗帜　为全面建设社会主义现代化国家而团结奋斗——在中国共产党第二十次全国代表大会上的报告》,人民出版社2022年版,第14页。

在一起、风雨同舟、同甘共苦。"①

加强党的自身建设。坚持党要管党、全面从严治党，全面推进党的政治建设、思想建设、组织建设、作风建设、纪律建设。永葆党的先进性和纯洁性，建设马克思主义学习型政党，不断提高党的执政能力和领导水平，注意克服党员干部中容易出现的贪图享乐、脱离群众等问题，深入推进反腐败斗争。

坚持群众路线。广大党员干部要牢固树立群众观点、认真践行群众路线、增强群众工作能力、创新群众工作方法，既要深入实际与群众打交道，着力解决人民群众最关心最直接最现实的利益问题，也要及时准确地宣传党的政策主张，让人民群众理解、掌握党的政策主张并转化为自觉行动，使党同人民群众的联系不断巩固和发展。

四、发展为了人民、发展依靠人民、发展成果由人民共享

发展为了人民、发展依靠人民、发展成果由人民共享是以人民为中心的发展思想的重要组成部分，分

---

① 《习近平谈治国理政》第四卷，外文出版社2022年版，第56页。

别回答了发展的根本目的、根本动力和根本价值问题。① 新时代以来,在以习近平同志为核心的党中央的坚强领导下,党和国家的全部理论创新和实践成就都是围绕着以人民为中心的发展思想全面展开的,从全面深化改革到打赢脱贫攻坚战,从全面建成小康社会到推动全体人民共同富裕,以人民为中心的发展思想贯穿于党和国家的各项举措之中。

(一)不断把人民对美好生活的向往变为现实

让人民过上好日子是中国共产党团结带领人民进行社会主义革命、建设、改革的根本目的,是我们一切工作的出发点。在二十届中共中央政治局常委同中外记者见面时,习近平总书记指出:"我们要始终与人民风雨同舟、与人民心心相印,想人民之所想,行人民之所嘱,不断把人民对美好生活的向往变为现实。"②

中国特色社会主义进入新时代,人民对美好生活的需要呈现出多样化、多层次、多方面的特点,既包括物质生活层面,也包括精神生活层面和社会生活层面,体现在人的全面发展和社会的全面进步。中国式

---

① 姜淑萍:《"以人民为中心的发展思想"的深刻内涵和重大意义》,《党的文献》2016 年第 6 期。
② 习近平:《始终坚持一切为了人民一切依靠人民 以中国式现代化全面推进中华民族伟大复兴》,《人民日报》2022 年 10 月 24 日。

现代化以实现人民对美好生活的向往为出发点和落脚点，通过走全面的高质量发展之路，更好地满足人民在经济、政治、文化、社会、生态等方面日益增长的需要，让现代化建设成果更多更公平惠及全体人民，并最终实现全体人民共同富裕和人的全面发展。

（二）充分调动人民群众的积极性主动性创造性

在参加党的二十大广西代表团讨论时，习近平总书记强调："当前最重要的任务，就是撸起袖子加油干，一步一个脚印把党的二十大作出的重大决策部署付诸行动、见之于成效。"①中国特色社会主义伟大实践是广大人民群众的实践活动，既要发挥人民首创精神，把人民群众中蕴藏着的智慧和力量充分激发出来，也要带领人民、依靠人民开展新的实践，推动党和国家事业不断向前发展。

坚持党的集中统一领导。中国共产党是中国特色社会主义事业的领导核心，全面建设社会主义现代化国家、创造人民美好生活必须加强党的领导。在党的坚强领导下，团结一切可以团结的力量、调动一切可以调动的积极因素，使全国各族人民在党的旗帜下团

---

① 《习近平在参加党的二十大广西代表团讨论时强调 心往一处想劲往一处使 推动中华民族伟大复兴号巨轮乘风破浪扬帆远航》，《人民日报》2022年10月18日。

第七章 始终坚持以人民为中心的发展思想

结起来,心往一处想、劲往一处使,汇集广大人民的智慧与力量,凝聚起团结奋斗、共创美好的磅礴伟力。

相信和依靠群众力量。毛泽东同志指出:"马克思列宁主义的基本原则,就是要使群众认识自己的利益,并且团结起来,为自己的利益而奋斗。"[①] 人民是历史的创造者,要尊重人民在社会发展的主体地位,相信人民能够依靠自己的力量实现自身的利益。激励人民群众自力更生、艰苦奋斗,为创造美好新生活不懈努力。

(三)让人民群众有更多获得感幸福感安全感

发展成果由人民共享是社会主义的本质要求。坚持和发展新时代中国特色社会主义,以中国式现代化全面推进中华民族伟大复兴,必须始终把人民放在心中最高位置,不断把人民对美好生活的向往变为现实,走出更高质量、更有效率、更加公平、更可持续的发展之路,让亿万人民群众获得感、幸福感、安全感更加充实、更有保障、更可持续。

党的二十大报告指出:"改革开放和社会主义现代化建设深入推进,书写了经济快速发展和社会长期稳定两大奇迹新篇章,我国发展具备了更为坚实的物质基础、更为完善的制度保证,实现中华民族伟大复兴

---

① 《毛泽东选集》第四卷,人民出版社1991年版,第1318页。

进入了不可逆转的历史进程。"① 在全面建成社会主义现代化强国和实现中华民族伟大复兴的新征程上,既要不断把"蛋糕"做大,充分调动人民群众的积极性主动性创造性,举全民之力推进中国特色社会主义事业,也要把不断做大的"蛋糕"分好,让社会主义制度的优越性得到更充分体现,让现代化建设成果更多更公平惠及全体人民。

---

① 习近平:《高举中国特色社会主义伟大旗帜　为全面建设社会主义现代化国家而团结奋斗——在中国共产党第二十次全国代表大会上的报告》,人民出版社2022年版,第15—16页。

第八章　坚定不移走全体人民共同富裕道路

中国式现代化是全体人民共同富裕的现代化。共同富裕是中国特色社会主义的本质要求,也是一个长期的历史过程。我们坚持把实现人民对美好生活的向往作为现代化建设的出发点和落脚点,着力维护和促进社会公平正义,着力促进全体人民共同富裕,坚决防止两极分化。

——习近平总书记在中国共产党第二十次全国代表大会上的报告

共同富裕是马克思主义的一个基本目标,也是中国特色社会主义的本质要求。习近平总书记在党的二十大报告中深刻指出,全体人民共同富裕是中国式现代化的鲜明特色,坚持把实现人民对美好生活的向往作为现代化建设的出发点和落脚点,实现共同富裕,创造人类文明新形态。党的十八大以来,以习近平同志为核心的党中央把逐步实现共同富裕摆在更加重要的位置上，紧扣我国社会主要矛盾变化，紧紧抓住人民最关心最直接最现实的利益问题，深入贯彻新发展理念，扎实推进以民生为重点的社会建设，打赢脱贫攻坚战，全面建成小康社会，实现第一个百年奋斗目标，为促进共同富裕创造了良好条件。进入新发展阶段，全面开启第二个百年奋斗目标的新征程，我们已经到了扎实推动全体人民共同富裕的历史阶段。到21世纪中叶，在中国共产党的领导下，全体人民共同富裕将基本实现，中华民族将迎来以中国式现代化实现民族复兴的高光时刻。

一、共同富裕是社会主义的本质要求

中国共产党人明确提出共同富裕是社会主义的本质特征，正面回答了什么是社会主义，将科学社会主义理论中的社会主义与现实实践中的社会主义相联系。与此同时，共同富裕作为标尺将社会主义与其他一切社会形态区别开，"社会主义最大的优越性就是共同富裕，这是体现社会主义本质的一个东西"[1]。共同富裕

---

[1] 《邓小平文选》第三卷，人民出版社1993年版，第364页。

第八章　坚定不移走全体人民共同富裕道路

与社会主义是内在统一、相辅相成的,要实现共同富裕就必须坚持社会主义道路,否则,共同富裕就会找不到实现路径从而沦为空想;而要坚持社会主义道路就必然要求逐步实现共同富裕,否则,社会主义就得不到人民群众广泛支持从而丧失根基。中国共产党为实现共同富裕而进行的长期探索和取得的显著成就,已经有力证明了这一点。在百余年征程中,正是由于始终把让人民过上好日子、实现全体人民共同富裕作为奋斗目标并为之不懈努力,党才能团结带领人民在社会主义道路上取得一个又一个胜利。

(一)实现共同富裕必须坚持社会主义道路

自古以来,共同富裕是人类不断追求的美好社会理想。中华优秀传统文化中共同富裕的理念最早出现在上古华夏文化,"天之道,均平自然。人之道,当需师法自然"①。始祖伏羲彰明天道均平大义;神农氏与民同甘共苦,共享财富;轩辕黄帝致力于施惠四方。在此基础上,出现了先秦时期《礼记》中描绘的"大同社会"②和孔子的"丘也闻有国有家者,不患寡而患不均,不患贫而患不安"③,到汉代贾谊提出的为政

---

① 刘长明、周明珠:《共同富裕思想探源》,《当代经济研究》2020年第5期。
② 《礼记·礼运》。
③ 《论语·季氏》。

者应"为人臣者，以富乐民为功，以贫苦民为罪"[1]和晋代陶渊明设想的"世外桃源"，再到近代洪秀全的"太平天国"、康有为的"大同书"、孙中山的"天下为公"，都体现了朴素的追求共同富裕的思想。在整个世界范围内来看，西方文化中描述的"乌托邦""太阳城""法郎吉"和"新和谐公社"中都蕴含了财产公有、共同富裕的内容。然而，在阶级社会生产资料私有制的背景下，共同富裕缺乏实现的条件，只能是一种空想。马克思主义为人类社会指明了消灭私有制、实现共同富裕的科学道路，中国共产党领导中国人民建立中国特色社会主义制度，开辟中国特色社会主义道路，大大拓展了扎实推进共同富裕的现实道路。

马克思在分析资本主义的生产、分配、交换和消费过程中发现，资本积累建立在对工人的剥削之上，必然导致工人阶级和广大劳动人民的贫困，并且机器大生产的扩大使得生产社会化和生产资料私有之间的矛盾无法调和。因此，随着大工业的发展，资产阶级首先生产的是它自身的掘墓人。[2] 只有消灭私有制、消除利用占有社会产品去奴役他人劳动的权力、建立起社会主义制度才能走向共同富裕，

---

[1] 《新书·大政上》。
[2] 《马克思恩格斯选集》第一卷，人民出版社1995年版，第284页。

第八章 坚定不移走全体人民共同富裕道路

在其中起推动作用的主体是无产阶级,他们"利用自己的政治统治,一步一步地夺取资产阶级的全部资本,把一切生产工具集中在国家即组织成为统治阶级的无产阶级手里,并尽可能快地增加生产力的总量"①。工人阶级在掌握全部生产资料后"组织由整个社会承担的社会主义的产品生产代替资本主义商品生产,以保证社会全体成员的充分福利和自由的全面发展"②。只有走社会主义道路,这种生产方式才可能实现,"在社会主义制度下,全体工人、全体中农,人人都能在决不掠夺他人劳动的情况下完全达到和保证达到富足的程度"③。

社会主义制度确立了生产资料公有制这一经济基础,从根源上消除了资本主义社会无法克服的固有矛盾,为实现共同富裕创造了前提条件,开辟了新的发展道路。社会主义制度在我国展现出了巨大优势,我国用几十年的时间走过了西方发达国家几百年的发展历程,创造了彪炳史册的历史奇迹,取得了脱贫攻坚战的全面胜利,实现了全面建成小康社会的目标,为在新发展阶段实现共同富裕奠定了坚实的基础,也有

---

① 《马克思恩格斯选集》第一卷,人民出版社2012年版,第421页。
② 《列宁全集》第六卷,人民出版社1986年版,第193页。
③ 《列宁全集》第三十五卷,人民出版社1985年版,第470页。

力地推动了共同富裕的历史进程。

（二）坚持社会主义道路必然要求推进共同富裕

社会主义和共同富裕是密不可分的，坚持社会主义道路必然要求扎实推进共同富裕，这是社会发展规律使然、社会主义本质应然、中国发展实践必然。

共同富裕是对马克思主义社会发展规律的深刻把握。"富裕"是生产力范畴，指社会生产力的发展程度；"共同"是生产关系范畴，表明了社会财富分配和劳动者之间的关系问题。"共同富裕"包含了生产力与生产关系二者之间的关系，生产力对生产关系具有决定作用，物质生产力是全部社会生活的物质前提，所以社会主义首先要解放和发展生产力，坚持以经济建设为中心，将发展作为第一要务；生产关系对生产力具有反作用，经济基础决定上层建筑的产生、性质和变化发展，在发展生产的过程中必须做好分配工作，坚持发展为了人民、发展依靠人民、发展成果由人民共享，逐步实现全体人民共同富裕；上层建筑又反作用于经济基础，因而社会主义必须利用有效的制度安排推动全体人民走向共同富裕。

中国共产党人开辟了一条不同于西方现代化模式的中国式现代化道路，党的二十大报告指出"中国式现代化是全体人民共同富裕的现代化"[①]。习近平总书记在省部级主要领导干部学习贯彻党的十九届五中全会精神专题研讨班上的讲话中提到,"我们决不能允许贫富差距越来越大、穷者愈穷富者愈富,决不能在富的人和穷的人之间出现一道不可逾越的鸿沟"[②]。科学社会主义的基本原则,例如实现人的自由全面发展的价值要求、进入共产主义社会的物质条件等,都要求实现共同富裕,只有坚定不移走全体人民共同富裕道路,才能有效避免"共同贫""少数富、多数穷"两个错误方向,确保中国特色社会主义始终沿着科学社会主义的道路阔步前进。

（三）坚持和加强党的全面领导是根本

中国共产党的领导是中国特色社会主义的本质特征,共同富裕是社会主义的本质要求。社会主义本质特征和社会主义本质要求的深刻关联体现在,中国共产党人深刻把握共产党执政规律、社会主义建设规律、人类社会发展规律,从理论和实践层面为实现共同富裕这一目标进行了不懈努力,领导中国人民开辟了扎

[①] 习近平:《高举中国特色社会主义伟大旗帜　为全面建设社会主义现代化国家而团结奋斗——在中国共产党第二十次全国代表大会上的报告》,人民出版社2022年版,第22页。

[②] 《习近平谈治国理政》第四卷,外文出版社2022年版,第171页。

实推进共同富裕的科学道路。新时代要坚定不移走全体人民共同富裕道路，最根本的是要坚持和加强党的全面领导。

"不忘初心，牢记使命。"中国共产党成立之初就确立了为人民谋幸福的初心使命，带领中国人民为消除贫困、改善民生、创造美好生活、实现共同富裕进行了坚持不懈的奋斗。早在建党初期，李大钊就指出"社会主义是要富的，不是要穷的"[①]；土地革命战争时期，党开展了"打土豪、分田地"的革命运动；新中国成立后，毛泽东同志提出"现在我们实行这么一种制度，这么一种计划，是可以一年一年走向更富更强的，一年一年可以看到更富更强些。而这个富，是共同的富，这个强，是共同的强，大家都有份"[②]；改革开放以后，邓小平同志强调"社会主义的本质，是解放生产力，发展生产力，消灭剥削，消除两极分化，最终达到共同富裕"[③]；党的十八大以来，习近平总书记带领全党全国各族人民取得了全面建成小康社会的历史性成就，提出了到2035年全体人民共同富裕取得更为明显的实质性进展的远景目标，可以说，中国共

---

① 《李大钊全集》第四卷，人民出版社2013年版，第458页。
② 《毛泽东文集》第六卷，人民出版社1993年版，第495页。
③ 《邓小平文选》第三卷，人民出版社1993年版，第373页。

产党的百年史，就是一部党带领人民实现共同富裕的不懈奋斗史。

二、坚持完善社会主义基本经济制度

社会主义基本经济制度是在中国共产党第十九届中央委员会第四次全体会议公报中出现的关键词，"公有制为主体、多种所有制经济共同发展，按劳分配为主体、多种分配方式并存，社会主义市场经济体制等社会主义基本经济制度，既体现了社会主义制度优越性，又同我国社会主义初级阶段社会生产力发展水平相适应，是党和人民的伟大创造"[1]。社会主义基本经济制度在经济制度体系中具有基础性决定性地位，对其他领域制度建设和国家治理效能有重要影响。党的二十大报告指出："构建高水平社会主义市场经济体制。坚持和完善社会主义基本经济制度，毫不动摇巩固和发展公有制经济，毫不动摇鼓励、支持、引导非公有制经济发展。"[2] 习近平新时代中国特色社会主义

---

[1] 《中共中央关于坚持和完善中国特色社会主义制度 推进国家治理体系和治理能力现代化若干重大问题的决定》，《人民日报》2019年11月6日。

[2] 习近平：《高举中国特色社会主义伟大旗帜 为全面建设社会主义现代化国家而团结奋斗——在中国共产党第二十次全国代表大会上的报告》，人民出版社2022年版，第29页。

基本经济制度是人民群众的理论,在为人民群众服务的过程中不断进行了优化和调整,吸取人民群众的意见,将发展和创新的机会留给人民,让制度成为人民群众实现共同富裕最可靠的支撑和保障。

(一)坚持公有制为主体、多种所有制经济共同发展

党的十八大以来,习近平总书记就公有制和非公有制经济的发展发表多次讲话,他指出:"公有制经济是长期以来在国家发展历程中形成的……是全体人民的宝贵财富,当然要让它发展好"[1]。在坚持"两个毫不动摇"的基础上,党的十八届三中全会进一步提出了"两个都是"和"两个不可"。"两个都是"是指"公有制经济和非公有制经济都是社会主义市场经济的重要组成部分,都是我国经济社会发展的重要基础"[2];"两个不可"是指"公有制经济财产权不可侵犯,非公有制经济财产权同样不可侵犯"[3]。党的十九大报告确定了新时代坚持和发展中国特色社会主义的十大基

---

[1] 习近平:《毫不动摇坚持我国基本经济制度推动各种所有制经济健康发展》,《人民日报》2016年3月9日。
[2] 《中国共产党第十八届中央委员会第三次全体会议公报》,人民出版社2013年版,第9页。
[3] 《中共中央关于全面深化改革若干重大问题的决定》,人民出版社2013年版,第10页。

第八章 坚定不移走全体人民共同富裕道路

本方略,"两个毫不动摇"位列其中,作为党和国家一项大政方针予以确定。[①] 党的二十大报告同样指明要坚持"两个毫不动摇",为推动经济高质量发展提供制度保证。[②]

以公有制为主体、多种所有制经济共同发展的基本经济制度是整个经济制度的根基和基础,集中体现了社会主义生产关系的实质,从根本上确定了生产的共同富裕方向。近年来,党和政府不断做大做强公有制经济,稳步推进国有企业混合所有制改革,注重其与民营企业和中小企业在产业链和供应链方面的合作;调整优化国有经济的总体布局,将国有资本集中到国计民生领域;深化国有资产管理体制改革,充分发挥市场的作用,保证国有资产监管政策制度的同一性。在此基础上,通过减轻企业的税费负担、解决民营企业融资难问题、营造公平竞争环境等鼓励、支持、引导非公有制经济的发展,中国民营企业的数量从2012年的1085.7万户增长到2021年的4457.5万户,10年间增长了3倍,民营企业在企业总量中的占比由

[①] 习近平:《毫不动摇坚持我国基本经济制度推动各种所有制经济健康发展》,《人民日报》2016年3月9日。
[②] 习近平:《高举中国特色社会主义伟大旗帜 为全面建设社会主义现代化国家而团结奋斗——在中国共产党第二十次全国代表大会上的报告》,人民出版社2022年版,第29页。

79.4%提高到92.1%。①

(二) 坚持按劳分配为主体、多种分配方式并存

习近平总书记指出:"马克思主义政治经济学认为,分配决定于生产,又反作用于生产,'而最能促进生产的是能使一切社会成员尽可能全面地发展、保持和施展自己能力的那种分配方式'。"② 十九届四中全会将按劳分配为主体、多种分配方式并存的分配制度纳入基本经济制度范畴,这一分配制度调控产品分配,能够更好地保障劳动者的正当利益、激发劳动者的积极性,从过程上保证了共同富裕。

坚定不移地走全体人民共同富裕道路,就必须不断完善我国的分配制度,坚持按劳分配为主体,保护劳动所得,提高劳动报酬在初次分配中的比重。与此同时,要不断完善按要素分配制度,健全再分配调节机制,构建初次分配、再分配、三次分配协调配套的基础性制度安排。近些年来,中国通过精准扶贫使得9000多万人实现了现行标准下的全面脱贫,极大程度上减少了低收入群体;加快健全以税收、社会保障、

---

① 《从2012年1085.7万户增长到2021年4457.5万户民营企业数量10年翻两番》,《人民日报》2022年3月23日。

② 习近平:《不断开拓当代中国马克思主义政治经济学新境界》,《上海经济研究》2020年第10期。

第八章　坚定不移走全体人民共同富裕道路

转移支付为主要手段的再分配调节机制，调节高收入群体的收入；增加劳动者劳动报酬，健全劳动、资本、土地、知识、技术、管理、数据等生产要素按贡献决定报酬的分配制度，持续扩大中等收入群体的阵容。

（三）坚持完善社会主义市场经济体制

习近平总书记指出："深化经济体制改革，核心是处理好政府和市场关系。"[①] 党的十八大以来，党通过完善中国特色社会主义制度、推进治理体系和治理能力现代化来完善社会主义市场经济体制，创造性地探索了政府和市场的关系问题。党的十八届三中全会对市场作用进行了新的定位，指出市场在资源配置中起决定性作用，但同时也要发挥好政府的作用，即实现"有效的市场"与"有为的政府"相结合，同时用好"看不见的手"和"看得见的手"，使得政府和市场相互补充、相互协调。社会主义市场经济是中国特色社会主义经济制度的重要内容，为生产力的发展提供了制度保证，充分调动了人民的生产积极性。[②]

扎实推动共同富裕，必须进一步完善社会主义市

---

① 中共中央文献研究室编：《习近平关于社会主义政治建设论述摘编》，中央文献出版社2017年版，第119页。

② 王怀超：《中国特色社会主义基本问题》，人民出版社2019年版，第445、458、464页。

场经济体制，推动政府和市场更好结合，为共同富裕提供有效体制保障。在实现共同富裕的道路上，一方面要丰富农民致富途径，鼓励农民通过劳动、产业、知识、生态等致富，与此同时，要不断推进城乡融合发展，政府的转移支付向农村、基层、欠发达地区倾斜，从政策上给予一定的支持；另一方面要注重地区之间的扶持和支援，加大东部地区对中西部地区的支援力度，推动区域之间的协调发展、协同发展和共同发展。

三、构建新发展格局推动经济社会高质量发展

面对国内外复杂的经济形势，特别是在新冠疫情、贸易保护主义等给世界经济发展带来不确定性因素的背景下，党中央对国内外形势作出前瞻性预判，提出了构建双循环新发展格局的重大战略部署。十九届五中全会通过的《中共中央关于制定国民经济和社会发展第十四个五年规划和二〇三五年远景目标的建议》提出"加快构建以国内大循环为主体、国内国际双循环相互促进的新发展格局"[1]。推动构建新发展

---

[1]《中共中央关于制定国民经济和社会发展第十四个五年规划和二〇三五年远景目标的建议》，《人民日报》2020年11月3日。

格局,实施供给侧结构性改革,制定一系列具有全局性意义的重大战略,有助于实现我国经济高质量发展。

(一)中国具备加快构建新发展格局的综合优势

自新中国成立特别是改革开放以来,中国经济发展取得了一系列发展成就,党和国家事业也发生了历史性变革,中国经济正处于高速增长阶段向高质量发展阶段转换的关键时期,具备了加快构建新发展格局的综合优势。

第一,中国经济基础雄厚。中国GDP总量从2010年开始稳居世界第二,2021年达到114.4万亿元,相当于美国的77.1%,占世界GDP的比重达到18.5%,远高于日本等世界主要经济体。国家统计局2023年1月17日发布的数据显示,2022年中国国内生产总值(GDP)达1 210 207亿元,同比增长3%。中国的人均国内生产总值从2012年的6300美元提升到2021年的12 551美元,已经接近高收入国家的门槛。从2013年到2021年,中国对世界经济增长的平均贡献率达到38.6%,成为世界经济增长的引擎。

第二,中国市场规模大。从人口总量来看,中国人口规模超过14亿,占世界总人口的比重约为18%,巨大的人口规模意味着国内市场消费量需求大,能有效扩大内需。从人口结构来看,中国的中等收入群体超过4亿人,中等收入群体有巨大的消费潜力,成为全球最具成长性、最具竞争力的超大规模市场。从整体趋势来看,中国不断采取措施改善收入分配结构,增加中等收入群体的规模,进而增强全国的购买力,不断推进消费转型升级。

第三,中国人力资源丰富。从数量上看,第七次全国人口普查数据显示,2021年中国劳动年龄人口(15—64岁)近9.7亿人,占总人口的比重约为68%,其中高中及以上学历人口占比超过30%①,因人口结构带来的"人口红利"仍具有较大潜力。从质量上来看,《中国科技人力资源发展研究报告(2020)》表明,2020年中国科技人力资源总量超过1.1亿人,整体结构得到了极大的优化,人才强国战略的实施使得"人口红利"叠加"人才红利",中国展现出极具竞争力的人力资源优势。

(二)以国内大循环为主体、国内国际双循环相互促进的新发展格局

在开放型经济背景下,整个国民经济循环包括内外循环两个部分。新发展格局是指以国内大循环为主

---

① 国家统计局:《中国统计年鉴》,中国统计出版社2022年版,第72页。

第八章　坚定不移走全体人民共同富裕道路

体、国内国际双循环相互促进，其中包含两层含义：一是国内循环和国际循环互相结合，以国内大循环为主体；二是国内循环和国际循环路线有效对接，以国内的要素、产品循环为主体，积极利用进出口国外的要素、产品和需求来调节国内的经济生产和发展。

习近平总书记指出："人类历史上，没有一个民族、没有一个国家可以通过依赖外部力量、跟在他人后面亦步亦趋实现强大和振兴。"[①]"国内大循环"是构建新发展格局的关键主体，强调国内大循环的主体地位，就是将中国经济发展的重心和主要部分放在国内，让国内经济循环主导我国经济发展，集中优势办好自己的事。中国国内市场蕴含着巨大的潜能，国内人民的强大需求是畅通国内循环的巨大动力，只有充分挖掘这两大优势，才能真正做到"以内促外"，依托国内市场达到供需平衡，在国内建立起完整的内需体系。与此同时，畅通国内大循环要与供给侧结构性改革相结合，根据经济发展状况及时调整产业结构，优化发展方式，企业作为市场的主体，要参与生产、分配、流通、消费的全过程国内大循环，充分融入国内市场，坚持国内循环的主体作用，进而实现经济高

---

① 《习近平谈治国理政》，外文出版社2014年版，第29页。

质量发展。

新发展格局的实现离不开国内国际双循环的共同作用，在国内循环的基础上，将国内循环和国际循环紧密结合，共同推动经济循环，充分发挥国内循环的基础性作用和国际循环的保障作用，从而实现经济高质量发展和高水平对外开放。国内国际双循环的背景下，国内企业能够更好地参与到国际产业链的分工中，利用自身优势，在擅长的产业领域发挥技术优势，提升中国企业在国际中的竞争力，增强在国际贸易中的话语权，进而不断扩大中国的对外开放水平，吸引国内外投资者和企业对国内进行投资，充分利用国内国际两个市场、两种资源，深度融入世界经济，为世界经济的发展作出贡献。新发展格局的提出符合中国国情和国际形势，中国国内循环和国际循环的畅通能够有效提高中国国际竞争力和中国经济的吸引力，使得世界经济与中国发展相结合，促进经济高质量发展。

构建新发展格局和促进全体人民共同富裕是相辅相成、和谐互动的有机整体。一方面，新发展格局能够联动和整合国内外多个市场的资源优势，增加国内市场活力，提高企业核心竞争力和生产力，为共同富裕的实现提供强有力的稳定支撑。另一方面，在实现共同富裕的过程中，能够发现国内和国际经济发展过程中的阻碍点，进而通过扩大内需促进财富积累，进而带动经济增长。

（三）新发展格局推动经济社会高质量发展的重要着力点

一体化高质量发展融通新发展格局。"十四五"期间中国经济发展迈入新阶段，一方面要消除生产、流通、消费过程中的障碍，另一方面需要推进经济一体化高质量发展，推动形成国内国际双循环格局。因而，在国内和国际层面，推进构建新发展格局的重点都是一体化和高质量。首先，要不断深化供给侧结构性改革，坚持创新驱动战略，加大自主创新力度，掌握核心技术，解决产能过剩的问题，加快培育新的动能，打造具有强大创新能力的企业，真正从源头上推动中国经济高质量发展。其次，要对标国际惯例构建统一大市场，了解国际市场营商规则，逐步破除生产、流通、消费领域中的困难和障碍，促进资源要素的顺畅流动，加强不同地区、不同行业标准、规则和政策的统一。再次，要打造中心城市畅通"双循环"，中心城市是国家经济建设的重点，特别是中国的沿海省市要着力推进全面开放，实行便利的投资贸易。例如：以上海为首的长三角区域要借助中国国际进口博览会，促进区域一体化和高质量发展,统筹兼顾长三角一体化发展战略;作为重点中心城市的长三角、珠三角城市需要做出更多高质量的产品,才能更好地加快优质产品和高水平科技供给。最后,推进国内国际双循环互促式新发展,重点在于提升中国与其他国家和地区的一体化水平,注重"一带一路"工业园区的建设和应用,增强双边贸易和自贸区的建设,积极推动中欧双边投资协定,进而共同实现高质量发展。

数字经济推动促进新发展格局。2021年中国数字经济的整体规模达到45.5万亿元,与2016年"十三五"规划初期相比增加了1倍多[1],中国在数字经济领域的发展已经超过国际平均水平,因而要注重数字经济在新发展格局构建过程中发挥的重要作用。数字经济以数字技术为核心,用数字技术赋能实体经济,畅通国内市场发展,数字经济带动中国传统行业进行转型,加快传统行业的创新发展。据统计,2021年中国数字产业化规模达到了8.35万亿元,占GDP的比重为7.3%,数字产业化的发展从量的扩张到质的扩张,与此同时,产业数字化规模达到了37.18万亿元,占GDP的比重为32.5%,产业数字化转型持续向纵深加

---

[1] 国家互联网信息办公室:《数字中国发展报告(2021年)》,2022年7月,https://sjzyj.ah.gov.cn/group3/M00/09/DE/wKg86mMFj3OAd6FDACGZnk6Q9mE357.pdf。

速发展。① 无论是数字产业化还是产业数字化，均联通着生产与消费，是国内循环重要的一环，数字经济提供了便捷高效的算法和数据，为要素流通提供了强大的支撑。除此之外，数字经济使得国际贸易模式发生了相应的变化，跨境电商"一站式"购物、线上支付、"线上+线下"模式等使得国际贸易更加便捷和高效，服务贸易和货物贸易逐步转向数字化，数字经济在一定程度上成为推动国际大循环的主要动力。

进一步扩大服务业重造对外开放新局面。习近平总书记在中国国际服务贸易全球峰会上强调，支持北京创建国家服务业扩大开放综合示范区。我们要把握时代方向，加快推进服务业扩大开放。要大力开放我国的优势服务业，就要对先进的技术进行创新，积极向国外学习，注重对风险的识别和建立相应的防范措施，引进国外先进的管理模式，开展多平台的交流合作，提高我国服务业在国际上的竞争力，促进全球服务业协调发展。不能关起门来搞发展，要实行积极主动的对外开放战略，让企业参与国际交流合作，搭建良好的合作平台，在学习国外经验的同时加强自身的创新能力，在投资方式和对外投资结构等方面进行创

---

① 国家互联网信息办公室：《数字中国发展报告（2021年）》，2022年7月，https://sjzyj.ah.gov.cn/group3/M00/09/DE/wKg86mMFj3OAd6FDACGZnk6Q9mE357.pdf。

新,加强人才队伍建设,提升国有企业的国际化水平,让企业走出去的同时加强风险管控。

四、贯彻新发展理念推进民生保障精准化精细化

2015年10月,习近平总书记在党的十八届五中全会第二次全体会议上的讲话深刻论述了新发展理念的提出原因及提出过程。新发展理念是一个理论体系,由创新发展、协调发展、绿色发展、开放发展和共享发展五大理念构成。党的十九届六中全会通过的《中共中央关于党的百年奋斗重大成就和历史经验的决议》指出:"贯彻新发展理念是关系我国发展全局的一场深刻变革,不能简单以生产总值增长率论英雄,必须实现创新成为第一动力、协调成为内生特点、绿色成为普遍形态、开放成为必由之路、共享成为根本目的的高质量发展,推动经济发展质量变革、效率变革、动力变革。"[1] 新发展理念坚持真理维度和价值维度的统一,是当今世界发展和中国发展的客观要求,也是新时代坚持人民至上根本发展目的的必然逻辑,充

---

[1] 《中共中央关于党的百年奋斗重大成就和历史经验的决议》,人民出版社2021年版,第34页。

第八章　坚定不移走全体人民共同富裕道路

分体现了我们党全心全意为人民服务的宗旨，贯彻新发展理念对推进民生保障精准化精细化具有重大意义。

（一）创新发展是增进民生福祉的不竭动力

在五大新发展理念中，创新发展居于首位，是贯彻落实其他发展理念的第一动力。在制度创新方面，涉及中国各项事业具体制度及体制的改革，为改善民生提供了重要的制度保障，制度创新包括基本经济制度创新、经济调节体制创新、政府治理体制创新、文化体制创新等实务操作领域，与民生关系密切。国务院近年来推行的行政审批制度提高了政府的办公效率，为民众提供了便捷高效的服务；全面实行的三孩政策能够促进人口长期均衡发展，改善民众的家庭结构，给予个人更多的生育选择。在科技创新方面，科技创新推动经济发展，为改善民生提供了技术手段和物质基础。从宏观角度来看，科技创新提高了整个社会的生产力，促进国民经济健康持续增长，不断提高民众的整体生活水平；从微观角度来看，科技创新直接造福于个人，医疗科技的进步减少了病人的痛苦，在一定程度上延长了人类的寿命；交通技术的进步减少了人们的通勤时间，提高了交通运输的安全性；生产技术的进步减少了人们在简单重复劳动中的时间耗费，提高了工作效率，使得人们有更多的时间专注于脑力劳动。在文化创新方面，文化创新与国家软实力和人民的精神文化需求息息相关，积极向上的文化能够促使人民保持积极向上的心态，引导民众形成正确的历史观、价值观和人生观。习近平总书记在文艺工作座谈会上指出，文艺的各领域"都要跟上时代发展、把握人民需求，以充沛的激情、生动的笔触、优美的旋律、感人的形象创作生产出人民喜闻乐见的优秀作品，让人民精神文化生活不断迈上新台阶"[①]。党的十八大以来，党在文化建设上坚持以人民为中心的工作导向，推进文化事业和文化产业全面发展，繁荣文艺创作，完善公共文化服务体系，为人民提供了更多更好的精神食粮。

（二）协调发展补齐制约民生的失衡短板

协调是经济社会持续健康发展的内在要求。目前，中国经济失衡表现在区域和城乡间发展不平衡、物质文明和精神文明脱节、军民二元体制结构长期存在等方面。解决这些失衡问题有助于寻找新的经济增长点，消除制约民生的失衡短板，促进民生保障精准化精细化。为了推动区域间、城乡间的协调发展，党实施区

[①] 习近平：《在文艺工作座谈会上的讲话》，人民出版社2015年版，第14页。

第八章 坚定不移走全体人民共同富裕道路

域协调发展战略，推动西部大开发，支持革命老区、民族地区、边疆地区、贫困地区改善生产生活条件，坚持城乡一体化建设，推动基本公共服务的供给均等化，一方面改善落后地区的人民生活状况，另一方面缓解大城市的人口压力，提高人民的整体生活质量。为了推动物质文明和精神文明建设，我国坚持在数量上为人民群众提供各类文化产品，在质量上引导民众摆脱低级趣味，培养崇德向善的良好品格，在物质、安全、健康、生态、民主、精神、正义、和谐等多个方面追求人和社会的进步。为了寻找经济发展与国防建设之间的平衡点，中国坚持大力发展军民两用技术、军民两用基础设施、军民两用装备等，一方面能够加强国防建设，另一方面也能够推动相关民生产业的培育和发展，能够在保证以经济建设为中心的前提下保证国防建设水平。

（三）绿色发展营造民生可持续改善的生态环境

在五大新发展理念中，绿色直接关系到生存问题，具有基础性地位。绿色发展不仅会影响到人民群众的生活质量，还会影响社会的和谐稳定。生态环境不仅与人民群众的身心健康息息相关，更关系到一个国家和地区的可持续发展，影响到民生改善的宏观基础。

正如习近平总书记指出:"良好生态环境是最公平的公共产品,是最普惠的民生福祉。"[①] 治理生态破坏问题需要三者协同,具体而言:首先,需要政府发挥主导作用。在顶层设计方面,党的二十大报告提出"全方位、全地域、全过程加强生态环境保护,生态文明制度体系更加健全,污染防治攻坚向纵深推进,绿色、循环、低碳发展迈出坚实步伐"[②],将生态文明建设与经济建设、政治建设、文化建设和社会建设相结合,从而将中国特色社会主义事业的总体布局拓展至"五位一体"。与此同时,必须坚持绿水青山就是金山银山的理念,坚持山水林田湖草沙一体化保护和系统治理。在具体执行方面,要充分发挥各级人民政府的配合和重视,坚持经济建设与生态环境并重的理念,不能以牺牲子孙后代赖以生存的生态环境为代价来追求经济增长,保护生态就是改善民生。其次,企业要加强对污染的治理。企业为了追求低成本会忽略能耗、污染等负效应问题,减少污染物的排放需要企业家有自律精神,一方面要通过法律法规和相关环境监管部门加

[①] 中共中央文献研究室编:《习近平关于全面建成小康社会论述摘编》,中央文献出版社2016年版,第163页。

[②] 习近平:《高举中国特色社会主义伟大旗帜 为全面建设社会主义现代化国家而团结奋斗——在中国共产党第二十次全国代表大会上的报告》,人民出版社2022年版,第11页。

第八章　坚定不移走全体人民共同富裕道路

强对企业的约束，另一方面要注重环境治理技术的发展和进步，从根源上提高企业污染治理能力。最后，要加强个人的生态环保意识。个人既是生态环境破坏的受害者，同时也承担着共谋的角色，因而，个人生态环保意识的树立，有助于营造绿色的生态环境。个人应当树立正确的绿色消费观，在日常消费中将产品的绿色环保特征纳入考虑因素，从需求层面入手带动供给侧的生态环保；除此之外，个人要养成环保的生活习惯，选择低碳出行，积极同破坏环境的行为作斗争。

（四）开放发展优化民生改善的国际与国内环境

"开放带来进步，封闭必然落后。"[①] 在经济全球化背景下，开放是国家繁荣发展的必由之路，是改善民生的重要捷径。开放发展加快对外贸易优化升级，促进对外贸易水平，巩固出口市场份额，利用对外贸易保持经济增长，在进行对外贸易的过程中，能够增加就业岗位，在一定程度上解决国内就业问题，改善民生。在世界经济复苏前景堪忧和新冠疫情大流行的影响下，促进经济内循环是降低风险和保持经济增长的战略选择。我国要在坚持维护国家主权和领土完整

---

① 《中共中央关于党的百年奋斗重大成就和历史经验的决议》，人民出版社2021年版，第38页。

的前提下,在坚决遏制"台独"分裂分子的政治基础上,加快两岸互联互通,构建起高标准的全国统一大市场,有利于巩固中国作为世界第二大经济体的地位,从而以高质量增长惠及广大人民群众。

(五)共享发展是民生改善的价值旨归

"共享发展"体现了中国特色社会主义的本质要求和优越性,以民生资源均等化为目标,旨在让人人分享改革发展的"大蛋糕",打破贫富的二元结构,意味着中国在共同富裕的道路上迈出了坚实的一步。收入分配公平与否影响着劳动者的生产积极性和社会和谐,社会主义的本质是共同富裕,因而,缩小收入差距既是民生工程,也是社会主义的本质要求。除此之外,共享发展要求建立更加公平可持续的社会保障制度,夯实民生之基。社会保障具有兜底的作用,完善的社会保障能够给人民群众安全感,刺激民众消费和创业,从而进一步激发经济的活力。社会保障的公平性要求实施全民参保计划,基本实现法定人员全覆盖,要求政府、企业、个人等在筹资上要进行公平合理的分担,要求获益与缴费成正比。社会保障的可持续性要求国家稳步提升社保水平,量力而行,不能因为过高的保障负担而影响国家和企业的可持续发展。

第九章　不断把为人民造福事业推向前进

　　为民造福是立党为公、执政为民的本质要求。必须坚持在发展中保障和改善民生，鼓励共同奋斗创造美好生活，不断实现人民对美好生活的向往。

　　——习近平总书记在中国共产党第二十次全国代表大会上的报告

　　中国共产党始终把为中国人民谋幸福、为中华民族谋复兴作为自己的初心和使命，并一以贯之地体现到党的全部奋斗之中。进入中国特色社会主义新时代，以习近平同志为核心的党中央创造性地提出坚持以人民为中心的发展思想，始终坚守人民至上，抓住我国发展的重要战略机遇期，着力推动经济社会高质量发展，有效破解新时代社会主要矛盾，扎实推进全过程人民民主，积极发展社会主义先进文化，切实保障和改善民生,不断实现好、维护好、发展好最广大人民根本利益,人民美好生活得到全方位改善和提升,精神面貌发生深刻变化。党领导下的为民造福事业渗透和体现在治国理政实践的方方面面。

一、发展全过程人民民主,保障人民当家作主

国以民为本,社稷亦为民而立。自成立之日起,中国共产党就以实现人民当家作主为己任,并领导中国人民矢志不渝地追求民主、发展民主、实现民主。全过程人民民主是新时代背景下马克思主义民主理论的最新发展,彰显了社会主义民主政治的本质属性。人民当家作主是"宏观层面社会主义民主政治的核心取向,全过程民主是中微观层面落实人民当家作主理念的具体化制度安排"①,为实现人民当家作主提供有力保障。

(一)加强人民当家作主的制度保障

习近平总书记指出:"我们要健全人民当家作主制度体系,扩大人民有序政治参与,保证人民依法实行民主选举、民主协商、民主决策、民主管理、民主监

---

① 王炳权:《全过程人民民主为人民当家作主提供有力保障》,《光明日报》2022年3月4日。

第九章　不断把为人民造福事业推向前进

督,发挥人民群众积极性、主动性、创造性,巩固和发展生动活泼、安定团结的政治局面。"① 人民当家作主制度体系是新时代不断推进和拓展中国式现代化的必然要求和重要保障,对于新时代发展全过程人民民主,更好践行以人民为中心的发展思想,充分调动人民的积极性、主动性、创造性,全面建设社会主义现代化国家、全面推进中华民族伟大复兴具有重大的现实意义。人民当家作主制度体系是保证人民在党的领导下依法通过各种途径和形式管理国家事务、管理经济和文化事业、管理社会事务的制度体系。具体来说,它是把根本政治制度、基本政治制度同基本经济制度以及各方面体制机制等具体制度有机结合起来的制度体系,是把党的领导、人民当家作主、依法治国有机结合起来的制度体系。它集中体现了中国特色社会主义制度的优势和特点,充分彰显了我国社会主义民主的全面性、真实性和有效性,是人民当家作主的根本制度保障。

人民当家作主制度体系是党和人民在长期探索中形成的,是社会主义政治文明建设的伟大创造。我们

---

① 习近平：《高举中国特色社会主义伟大旗帜　为全面建设社会主义现代化国家而团结奋斗——在中国共产党第二十次全国代表大会上的报告》,人民出版社2022年版,第37页。

党自成立之日起就致力于建设人民当家作主的新社会，提出了关于未来国家制度建设的主张，并领导人民为之进行斗争。土地革命战争时期，我们党在江西中央苏区建立了中华苏维埃共和国，开始了国家制度建设的探索。抗日战争时期，我们党建立以延安为中心、以陕甘宁边区为代表的抗日民主政权，成立边区政府，按照"三三制"原则，以参议会为最高权力机关，建立各级立法、行政、司法机关。新中国成立后，我们党创造性地运用马克思主义国家学说，为建设社会主义国家制度进行了不懈努力，逐步确立并巩固了国家的国体、根本政治制度、基本政治制度、基本经济制度和各方面的重要制度，中国特色社会主义制度不断完善，中国特色社会主义法治体系不断健全。

人民代表大会制度是我国的根本政治制度，是发展全过程人民民主、保证中国人民当家作主的重要途径和最高实现形式。作为人民当家作主制度体系中的重要组成部分，它是党和人民深刻总结近代以后中国政治生活经验教训得出的基本结论，是中国社会一百多年激越变革、激荡发展的历史结果，是中国人民翻身做主、掌握自己命运的必然选择。人民通过人大行使国家权力。党的二十大报告指出："支持和保证人民通过人民代表大会行使国家权力"，"支持和保证人大及其常委会依法行使立法权、监督权、决定权、任免权","加强人大代表工作能力建设,密切人大代表同人民群众的联系"。①

(二)全面发展协商民主

健全人民当家作主制度体系,离不开人民民主的丰富实践。协商民主与人民当家作主制度体系相契合,充分反映和保障了人民当家作主的权利,是实践全过程人民民主的重要形式。中国特色社会主义进入新时代,以习近平同志为核心的党中央高度重视发展社会主义协商民主。党的二十大强调协商民主是党领导人民有效治理国家、保障人民当家作主的重要制度设计。"完善协商民主体系,统筹推进政党协商、人大协商、政府协商、政协协商、人民团体协商、基层协商以及社会组织协商。"②

进一步加强政党协商,坚持和完善中国共产党领导的多党合作和政治协商制度。健全相互监督特别是中国共产党自觉接受监督、对重大决策部署贯彻落实

---

① 习近平:《高举中国特色社会主义伟大旗帜 为全面建设社会主义现代化国家而团结奋斗——在中国共产党第二十次全国代表大会上的报告》,人民出版社2022年版,第38页。

② 习近平:《高举中国特色社会主义伟大旗帜 为全面建设社会主义现代化国家而团结奋斗——在中国共产党第二十次全国代表大会上的报告》,人民出版社2022年版,第38页。

情况实施专项监督等机制，完善民主党派中央直接向中共中央提出建议制度，加强政党协商保障机制建设；积极开展人大协商，深入开展立法工作中的协商和人大代表在履职过程中的协商，鼓励基层人大在履职过程中开展协商；扎实推进政府协商，探索制定并公布协商事项目录，增强政府协商的广泛性，完善政府协商机制；进一步完善政协协商，把协商民主贯穿履行职能全过程，把加强思想政治引领、广泛凝聚共识作为履职工作中心环节，不断提升政协协商水平；认真做好人民团体协商，完善人民团体参与各种渠道协商的工作机制，健全人民团体直接联系群众工作机制，更好组织和代表所联系群众参与公共事务；大力推进基层协商，建立健全基层协商民主建设协调联动机制，更好解决人民群众急难愁盼的问题。探索开展社会组织协商，坚持党的领导和政府依法管理，健全与相关社会组织联系的工作机制和沟通渠道，引导社会组织有序开展协商，更好为社会和群众服务。

健全各种制度化协商平台。进一步建立健全提案、会议、座谈、论证、听证、公示、评估、咨询、网络等多种协商方式，结合实际搭建对话交流、恳谈沟通的平台。建立健全决策咨询制度，完善重大决策前的民主听证会、民主恳谈会、民主评议等，拓宽社情民

第九章　不断把为人民造福事业推向前进

意反映渠道，完善基于互联网平台构建公众参与政策评估的方式，吸纳社会公众特别是利益相关方参与决策，吸收专家学者、智库机构进行决策咨询。完善基层组织联系群众制度，加强议事协商，做好上情下达、下情上传工作，保证人民依法管理自己的事务。

发挥人民政协专门协商机构作用。完善人民政协民主监督机制，发挥协商式监督作用，推动党中央决策部署落地见效。建立委员联系界别群众制度机制，及时反映群众意见和建议，深入宣传党和国家方针政策，协助党和政府协调关系、理顺情绪、化解矛盾。

（三）巩固和发展最广泛的爱国统一战线

统一战线是指中国共产党领导的、以工农联盟为基础的，包括全体社会主义劳动者、社会主义事业建设者、拥护社会主义爱国者、拥护祖国统一和致力于中华民族伟大复兴爱国者的联盟。党的十八大以来，以习近平同志为核心的党中央把统一战线摆在治国理政重要位置，丰富和发展了中国共产党统一战线理论体系，全面回答了新时代需不需要统一战线、需要什么样的统一战线、怎样发挥统一战线法宝作用、怎样建设新时代统一战线等一系列问题。

进一步做好民主党派和无党派人士工作，建立多党合作、和谐共存共荣的政党关系。坚持长期共存、互相监督、肝胆相照、荣辱与共，把中国共产党的先进性与民主党派的进步性有机统一起来，支持民主党派按照中国特色社会主义参政党要求更好履行职能，做自觉接受中国共产党领导、同中国共产党通力合作的亲密友党和好参谋、好帮手、好同事。贯彻党的民族政策，建立平等团结互助和谐的民族关系。新中国成立以来，中国共产党和中国政府确立并实施了以民族平等、民族团结、民族区域自治和各民族共同繁荣为基本内容的民族政策，形成了比较完备的民族政策体系。进入新时代，国家进一步巩固和发展平等团结互助和谐的社会主义民族关系。贯彻党的宗教工作基本方针，建立和谐的宗教关系。坚持和发展马克思主义宗教观，坚持我国宗教的中国化方向。做好非公有制经济人士、党外知识分子的工作，建立和谐的阶层关系。改革开放以来，我国社会结构发生重大变化，阶层分化越来越多元化，广泛团结联系港澳台同胞、海外侨胞和归侨侨眷，建立和谐的海内外关系。巩固壮大港澳台海外爱国力量，推进全体中华儿女的大团结大联合。

第九章　不断把为人民造福事业推向前进

二、增强文化自信自强，铸就社会主义文化新辉煌

文化兴则国运兴，文化强则民族强。党的十八大以来，以习近平同志为核心的党中央高度重视社会主义先进文化建设，始终坚持马克思主义在意识形态领域的指导地位，牢固树立共产主义远大理想和中国特色社会主义共同理想，培育和践行社会主义核心价值观，不断增强全体国民的文化自信和文化自觉，广泛凝聚人民群众的精神力量，共同铸就中华文化新辉煌。

（一）培育和践行社会主义核心价值观

2006年10月，党的十六届六中全会正式提出构建社会主义核心价值体系的思想，并具体规定了这一价值体系的主要内涵，即马克思主义指导思想、中国特色社会主义共同理想、以爱国主义为核心的民族精神和以改革创新为核心的时代精神、社会主义荣辱观。其中，马克思主义是指导思想和理论基础，发挥着灵魂和统领的作用；中国特色社会主义是精神坐标和伟大旗帜，代表着正确的政治方向和前进道路；民族精神和时代精神是理论支柱和思想动力，具有强大的凝

聚力、驱动力;社会主义荣辱观是道德基础,引导和约束社会全体成员的价值实践。这四个方面的内容,共同构成了中国特色社会主义核心价值体系的理论框架。

2012年,党的十八大提出,要倡导富强、民主、文明、和谐,倡导自由、平等、公正、法治,倡导爱国、敬业、诚信、友善,积极培育和践行社会主义核心价值观。社会主义核心价值观是社会主义核心价值体系的精神内核,体现了社会主义核心价值体系的根本性质和基本特征,反映了社会主义核心价值体系的丰富内涵和实践要求,是社会主义核心价值体系的高度凝练和集中表达。社会主义核心价值观把涉及国家、社会、公民的价值要求融为一体,体现了社会主义本质要求,继承了中华优秀传统文化,吸收了世界文明有益成果,体现了时代精神,是对我们要建设什么样的国家、建设什么样的社会、培育什么样的公民等重大问题的深刻解答。

(二)坚持以人民为中心的创作导向

文化既要自信,还要自强。在党的二十大报告中,习近平总书记要求:"坚持以人民为中心的创作导向,推出更多增强人民精神力量的优秀作品,培育造就大

第九章　不断把为人民造福事业推向前进

批德艺双馨的文学艺术家和规模宏大的文化文艺人才队伍"①。文艺要坚持为人民服务、为社会主义服务这个根本方向。以人民为中心是马克思主义文艺观的核心观点，源于人民、为了人民、属于人民，是社会主义文艺的根本立场。党的十八大以来，习近平总书记反复强调文艺为什么人的问题，反复追问"我是谁、为了谁、依靠谁"，比如习近平总书记在文艺工作座谈会上的讲话中指出的，"以人民为中心，就是要把满足人民精神文化需求作为文艺和文艺工作的出发点和落脚点，把人民作为文艺表现的主体，把人民作为文艺审美的鉴赏家和评判者，把为人民服务作为文艺工作者的天职"②。

人民对美好生活的需要离不开高质量的文学艺术作品，实现共同富裕包括精神文化生活富裕和人的全面发展，文学艺术作品也是不可或缺的。优秀文学艺术作品的产生离不开人民，人民生活是一切文学艺术取之不尽、用之不竭的宝藏，正如习近平总书记在文艺工作座谈会上的讲话中强调，"人民是文艺创作的源头活水，一旦离开人民，文艺就会变成无根的浮萍、

---

① 习近平：《高举中国特色社会主义伟大旗帜　为全面建设社会主义现代化国家而团结奋斗——在中国共产党第二十次全国代表大会上的报告》，人民出版社2022年版，第45页。
② 《习近平在文艺工作座谈会上的讲话》，《人民日报》2015年10月15日。

无病的呻吟、无魂的躯壳"①。文学艺术要反映时代要求和人民心声，为人民抒写、为人民抒情、为人民抒怀。文学艺术作品的好坏最终要由人民群众来评判，被人民群众喜爱的作品才是好作品。广大文化文艺工作者只有深入生活、扎根人民，用心用情用功才能书写出伟大时代的新史诗，描绘出新时代新征程的恢宏气象。推动中国特色社会主义文化大发展大繁荣，就要求文学艺术大力弘扬民族精神和时代精神，要努力传播当代中国价值观念，努力展示中华文化独特魅力，反映出中国精神、中国价值和中国力量。

高质量的文化供给能增强人们的文化获得感、幸福感。人民美好幸福的生活需要良好的公共文化事业和公共文化服务体系，也需要丰富多彩的新兴文化产业。党的二十大报告强调，"实施国家文化数字化战略，健全现代公共文化服务体系，创新实施文化惠民工程。健全现代文化产业体系和市场体系，实施重大文化产业项目带动战略"②。文化事业和文化产业体现出文化软实力，也是国家综合国力的一部分，文化自强就是要精神文化产品繁荣丰富，文化事业和文化产

---

① 《习近平谈治国理政》第二卷，外文出版社2017年版，第316页。
② 习近平：《高举中国特色社会主义伟大旗帜　为全面建设社会主义现代化国家而团结奋斗——在中国共产党第二十次全国代表大会上的报告》，人民出版社2022年版，第45页。

业实力增强。

文化自强还需要培育造就大批德艺双馨的文学艺术家和规模宏大的文化文艺人才队伍,广大文艺工作者要坚持弘扬正道,把个人的道德修养、社会形象与作品的社会效果统一起来,立德树人,正人先正己,下真功夫、练真本事、求真名声。

(三)不断拓展中国特色社会主义文化发展道路

新时代十年文化建设的非凡成就,进一步拓展了中国特色社会主义文化发展道路,推动社会主义文化强国建设站在了新的历史起点上。面向未来,我们要推进文化自信自强,在全面建设社会主义现代化国家新征程中铸就社会主义文化新辉煌。

始终坚持党对文化建设的全面领导。坚持党的全面领导是中国特色社会主义文化繁荣发展的根本保证。在以中国式现代化全面推进中华民族伟大复兴的历史进程中,我们要全面贯彻习近平新时代中国特色社会主义思想,坚持党的全面领导,坚持中国特色社会主义文化发展道路,紧紧围绕举旗帜、聚民心、育新人、兴文化、展形象的使命任务,自信自强地推进社会主义文化强国建设的崭新实践,书写社会主义文化强国建设的崭新篇章。

人民至上

始终坚持以人民为中心的发展思想。习近平总书记指出:"只有坚持以人民为中心的发展思想,坚持发展为了人民、发展依靠人民、发展成果由人民共享,才会有正确的发展观、现代化观。"[①] 中国特色社会主义文化建设,因人民而兴,也为人民而兴。我们要始终牢记江山就是人民、人民就是江山,坚持文化为人民服务、为社会主义服务的根本方向,创新实施文化惠民工程,有效保障人民文化权益,努力创造和提供更多既能满足人民文化需求又能增强人民精神力量的优秀精神文化产品。

始终坚持激发全民族文化创新创造活力。文明永续发展,既需要薪火相传、代代守护,更需要顺时应势、推陈出新。铸就社会主义文化新辉煌,归根到底靠创新创造。我们要坚持把马克思主义基本原理同中国具体实际相结合、同中华优秀传统文化相结合,坚持运用辩证唯物主义和历史唯物主义,紧跟时代步伐,顺应实践发展,以满腔热忱对待一切新生事物,探索实施创新驱动发展战略在文化领域的具体路径,不断深化文化体制机制改革创新,不断激发全民族文化创新创造活力,让一切文化创造源泉充分涌流,为铸就

---

① 习近平:《深入学习坚决贯彻党的十九届五中全会精神 确保全面建设社会主义现代化国家开好局》,《人民日报》2021年1月12日。

第九章 不断把为人民造福事业推向前进

社会主义文化新辉煌提供不竭的创新动能。

(四) 推动中华文化更好"走出去"

文化是一个国家的软实力,推动中华文化更好走出去既是凝聚民族复兴精神力量、提升文化自信、推动构建人类命运共同体的必然要求,也是提升国际话语权、营造国际良好舆论环境的迫切需要。党的十八大以来,我国文化事业日益繁荣,中华文明的国际影响力显著提升,为进一步推动中华文化更好走出去打开了良好局面。当前,中华文化的对外传播面临着复杂的国际舆论局势、高速迭代的传播技术革命,我们必须进一步提升对外宣传力度,更为鲜明和充分地讲好中国故事、传播好中国声音。

凝练精神内核,深耕中华文化的价值意蕴。文化作为一种社会的上层建筑,其悠远的影响力在于蕴含的精神能量,高质量的文化输出必须凝练其内在品质。中华文明中所蕴含讲仁爱、重民本、守诚信、崇正义、尚和合、求大同的精神特质,是中华文化赢得世界认同的价值基础。一方面,对文化内涵的整合提炼中,应充分展示中华优秀传统文化的精神内核。同时,要在传承好中华优秀传统文化的基础上,对其进行创造性转化、创新性发展,赋予传统美感以现代个性。另一方面，文化亦具有物质属性，文创作品是文化从抽象转化为具象的必要载体。无论是物质性的文创产品还是艺术化的文艺作品，都要在创作过程中注重精神提炼和创新实践，避免作品的同质化、表面化、堆砌化。从原创设计到细节刻画，都应凸显中国元素的精神标识，体现出鲜明的价值导引，着力打造思想精深、艺术精湛、制作精良的文化精品。

提升文化阐释力，完善中国叙事的话语体系。文化阐释是通过一系列概念、范畴，对文化现象进行表述和建构的过程，突出表现为文化的意义建构能力和表述推广能力。提高阐释力有助于克服文化差异带来的认同梗阻，提升对多元文化场域的适应能力。建构深度的文化阐释能力，一是要设置高质量、多层次、个性化的宣传主题。要能够依据不同的文化特点，契合不同地域受众，兼顾壮阔的宏大叙事与鲜活的微观叙事，通过多维视角展现真实、立体、全面的中国。二是善于打造融通中外的新概念、新范畴，丰富对外话语范式。要善于找寻中华文化与多元文化间的契合点，促进本民族文化与各地域文化良好衔接，推进中华文化的全球化表达、区域化表达、分众化表达，着力提高国际传播力、中华文化感召力、中国形象亲和力、中国话语说服力、国际舆论引导力。与此同时，

第九章 不断把为人民造福事业推向前进

要积极参与国际事务，通过广泛的互动参与到全球话语建构的过程中，发挥中华文化的智库与外交作用，进而提升中华文化的话语普及度。三是着力培养智媒时代的宣传人才。培养一批有着过硬的政治素质、较高的文化素养、专业的语言能力、媒体业务娴熟的专业队伍，为中国叙事的构建提供有力的人才支撑。

提升国际传播力，开拓全媒体传播路径。全媒体领域正处于高速发展时期，数字技术对传统传播方式产生了巨大冲击，同时也为对外传播转型提供了有利的契机。当前，我国对外文化宣传还存在传播形式固化、渠道融合不足等问题，要继续拓展全媒体传播广度，促进新旧渠道融合。一方面，以自主技术突破为支撑，加强对外宣传的平台建设。随着移动互联网、5G、人工智能等新兴技术的广泛使用，传播场景出现了革命性变化，传统单向、碎片化的传播正转变为全方位、多场景、立体式传播。面对传播革命，我国对外宣传要积极促进新旧媒体的融合以及国内外媒体的合作对接。不断探索全媒体传播模式，完善传播技术体系，形成覆盖面广、渗透力强、时效性高、传播效果好的综合性平台。另一方面，以主流媒体宣传为主渠道，拓展对外宣传格局。随着移动互联网的广泛普及，自媒体已经成为宣传的重要力量。对外文化宣传也要顺应这一传媒趋势的转变,做好"互联网+"功能拓展,完善主流媒体客户端的创新升级,构建亲切、温暖、有个性的人格化传媒形象。

三、增进民生福祉,提高人民生活品质

党的二十大报告回顾了新时代以来民生领域取得的伟大成就,具体包括人均预期寿命的增长、居民人均可支配收入的增加、城镇新增就业率的提升、各类保障体系的完善、新冠疫情的防控、全面小康社会的建成等。一系列民生领域的辉煌成就切实增强了人民群众的获得感、幸福感、安全感。这不仅从实践层面印证了中国特色社会主义道路的正确性,也印证了"必须坚持人民至上"的理论价值,更表明了马克思主义在二十一世纪的中国焕发出强大的生命力。

(一)规范财富积累机制

党的二十大报告首次提出,要"规范收入分配秩序,规范财富积累机制"[1]。它是对"共同富裕"的延续和落地,表明国家不仅关注财富的分配,更在此基

---

[1] 习近平:《高举中国特色社会主义伟大旗帜 为全面建设社会主义现代化国家而团结奋斗——在中国共产党第二十次全国代表大会上的报告》,人民出版社2022年版,第47页。

第九章 不断把为人民造福事业推向前进

础上增加了对财富积累的关注。这意味着在加快居民的财产积累过程中,更要注意规范资本市场、金融市场、投资市场,倡导在规范机制下引导人民用自己的双手创造幸福生活。

推进共同富裕是我国一直以来的目标和中国式现代化的突出特点。然而,当下全球范围的收入不平等仍在扩大,共同富裕也不可能一蹴而就。这就需要国家在把"蛋糕"做大的基础之上,加大税收、社保、转移支付等二次分配调节力度,鼓励发展公益慈善事业,以此精准有效缩小地区差距、城乡差距,增加低收入者收入,扩大中等收入群体比重,推动形成橄榄型的分配结构,进而实现规范收入分配秩序的目标。

(二)就业优先保民生

在党的十九大报告提出"就业是最大的民生"的基础上,党的二十大报告进一步作出了"就业是最基本的民生"的定位判断,表明了就业对经济社会发展的支撑和保障作用。"实施就业优先战略"凸显了做好就业工作的重要性和紧迫性,为新征程上进一步做好就业工作指明了方向。这要求要切实扛起稳就业、保就业的重大政治责任,以强有力的政治担当落实好就业优先战略。特别是近年来面对新冠疫情的严重冲击,各地区各部门深入贯彻落实党中央、国务院关于"六稳""六保"的决策部署，深入实施减负稳岗扩就业组合拳，落实落细各项政策措施，推动就业局势保持总体稳定，为民生改善、经济发展和社会和谐稳定提供了重要支撑。

同时要看到，我国作为世界上人口最多的发展中国家，也是劳动力资源最丰富的国家，就业总量压力长期存在，解决就业问题是一项长期的重大战略任务。党的二十大报告对实施就业优先战略作出重大部署，强调强化就业优先政策，健全就业促进机制，促进高质量充分就业。健全就业公共服务体系，完善重点群体就业支持体系，加强困难群体就业兜底帮扶。统筹城乡就业政策体系，破除妨碍劳动力、人才流动的体制和政策弊端，消除影响平等就业的不合理限制和就业歧视，使人人都有通过勤奋劳动实现自身发展的机会。健全终身职业技能培训制度，推动解决结构性就业矛盾。完善促进创业带动就业的保障制度，支持和规范发展新就业形态。健全劳动法律法规，完善劳动关系协商协调机制，完善劳动者权益保障制度，加强灵活就业和新就业形态劳动者权益保障。

第九章　不断把为人民造福事业推向前进

（三）巩固拓展脱贫攻坚成果，全面推进乡村振兴

巩固拓展脱贫攻坚成果，增强脱贫地区和脱贫群众的内生发展动力。在打赢脱贫攻坚战基础上，让脱贫成果经得起历史的检验，需要进一步加强防止返贫动态监测和帮扶机制。党的二十大报告强调"增强脱贫地区和脱贫群众内生发展动力"[①]，意味着巩固脱贫成果不能被动地"守"，而是要进一步激发脱贫群众奋斗意志，将脱贫成果紧紧攥在自己手中。

党的十八大以来，我国全面打响脱贫攻坚战，并在2020年提出坚决打赢脱贫攻坚战，努力实现全面建成小康社会目标任务。在党的领导下，脱贫攻坚战取得了一系列重大历史性成就，创造了彪炳史册的人间奇迹。我国现行标准下9899万农村贫困人口全部脱贫，832个贫困县全部摘帽，12.8万个贫困村全部出列，区域性整体贫困得到解决，完成了消除绝对贫困的艰巨任务。打赢脱贫攻坚战后，各地区各部门继续认真落实党中央、国务院决策部署，统筹疫情防控和经济社会发展，健全落实防止返贫动态监测和帮扶机

[①] 习近平：《高举中国特色社会主义伟大旗帜　为全面建设社会主义现代化国家而团结奋斗——在中国共产党第二十次全国代表大会上的报告》，人民出版社2022年版，第31页。

制，强化易地扶贫搬迁后续扶持，加强脱贫劳动力就业帮扶，脱贫县农村居民收入实现较快增长，消费水平继续提高。

脱贫摘帽不是终点。脱贫攻坚与乡村振兴是实现社会主义现代化必须完成的两大重要战略任务，两者衔接关系紧密。脱贫攻坚实现了"两不愁三保障"，而乡村振兴的目的是实现"生活富裕"。这为乡村振兴战略打下了坚实的基础，是乡村振兴的重要基础和前提条件。"十四五"时期，"三农"工作重心转向全面推进乡村振兴，进一步提出"实现巩固拓展脱贫攻坚成果同乡村振兴有效衔接"。

（四）政府兜底，不断健全社会保障体系

习近平总书记在党的二十大报告中提到，要"健全覆盖全民、统筹城乡、公平统一、安全规范、可持续的多层次社会保障体系"[1]。这是中国共产党坚持以人民为中心的发展思想的生动体现，有助于持续增进民生福祉，提高人民生活品质。与党的十九大报告相比，党的二十大报告对社会保障体系又提出"公平统一"和"安全规范"的要求，五者环环相扣，层层递

---

[1] 习近平：《高举中国特色社会主义伟大旗帜　为全面建设社会主义现代化国家而团结奋斗——在中国共产党第二十次全国代表大会上的报告》，人民出版社2022年版，第48页。

第九章 不断把为人民造福事业推向前进

进，逻辑严密，为更好地建设中国特色社会保障体系指明了方向，是促进我国社会保障事业高质量发展的新部署。

必须坚持覆盖全民。"覆盖全民"反映了社会保障制度普惠性的要求，突出其"兜底线"功能，要求社会保障项目能够覆盖到需要帮助的群众。我国已建立起世界上最大规模的社会保障体系。但在取得巨大成就的同时，也要清醒地认识到仍有部分人缺少养老和医疗保险，有大批灵活就业者和新业态就业人员以及农民工缺少工伤、失业、生育保险等。党的二十大更进一步提出了"扩大社会保险覆盖面"，引导我们进一步编织社会保障的安全网，扫清参保"盲点"和"死角"，真正做到应保尽保、应助尽助、应享尽享。

必须坚持统筹城乡。"统筹城乡"强调的是在扩大社会保障覆盖面的前提下，缩小城乡差异，实现一体化发展，提升保障水平唯有破除城乡分割格局与主体身份差别，才能使全体人民享有平等的社会保障权益，实现共同富裕。应进一步破除城乡藩篱，完善城乡社区治理体系，缩小城乡差距，健全城乡居民基本养老、医疗和大病保险制度。

必须坚持公平统一。"公平统一"强调内部结构均衡，注重经济社会发展成果由人民共享，回应了人民群众对地区之间、群体之间关系均衡、平等、公正的保障诉求。要着力推进法定的基本保障制度走向统一，解决社会保障制度"碎片化"和利益"部门化"、政策设计的地区差异等突出问题。

必须坚持安全规范。"安全规范"是对社会保障体系建设提出的新要求，凸显增强制度刚性约束，加强制度运行监管，注重社保基金安全，理应成为社会保障领域改革创新的关键环节。我国现行的社会保障体系框架已基本成形，但还未最终成熟、定型，其内在缺陷或不足具有一定的安全风险，必须要通过深化改革加以优化。要推进社会保障法治化，加强社会保障立法工作，尽快实现法定基本保障制度定型，做到推进工作有法可依。

必须坚持可持续。"可持续"是指社会保障制度能够长久地正常运行和发展下去，既要能够满足当代人的需要，也要能够维护代际公平，还要能够造福一代又一代的中国人民。我国成功建设了具有鲜明中国特色的社会保障体系，但仍需踔厉奋发，勇毅前行，促进社会保障事业可持续发展，助力中国式现代化的全面推进。要坚持尽力而为，量力而行，把提高社会保障水平建立在经济可持续增长的基础之上，不脱离实际。

第九章　不断把为人民造福事业推向前进

（五）人民健康是民族昌盛和国家强盛的重要标志

在党的十九大报告提出"人民健康是民族昌盛和国家富强的重要标志"①的基础上，党的二十大报告进一步作出了"人民健康是民族昌盛和国家强盛的重要标志"②的判断。由"富强"改为"强盛"，虽然仅有一字之差，但是表现出对人民健康和国家之间关系的新认识。人民健康不仅关系国家经济利益，更是关系国家发展全局的大问题。

推进健康中国建设，是我们党始终放在心上的重大民心工程。坚持正确的卫生与健康工作方针，以改革创新为动力，预防为主，中西医并重，将健康融入所有政策，要坚持基本医疗卫生事业的公益性，坚持提高医疗卫生服务质量和水平，重视重大疾病防控，优化防治策略，加强健康知识宣传力度，提高人民防病意识，同时，建立健全健康教育体系，提升全民身心健康素养。将医药卫生体制改革任务落到实处，建设更加美丽的健康环境，构建人类卫生健康共同体，

---

①　习近平：《决胜全面建成小康社会　夺取新时代中国特色社会主义伟大胜利——在中国共产党第十九次全国代表大会上的报告》，《人民日报》2017年10月28日。

②　习近平：《高举中国特色社会主义伟大旗帜　为全面建设社会主义现代化国家而团结奋斗——在中国共产党第二十次全国代表大会上的报告》，人民出版社2022年版，第48页。

不断丰富人类文明形态新内涵。

四、推动绿色发展，促进人与自然和谐共生

生态兴则文明兴，生态衰则文明衰。纵观人类文明发展史，生态环境是人类生存和发展的根基，其变化直接影响文明兴衰演替。生态文明建设关系中华民族永续发展的千年大计，以习近平同志为核心的党中央，从思想、法律、体制、组织上全面发力，全方位、全地域、全过程地加强生态环境保护，努力建设人与自然和谐共生的现代化。

（一）坚持绿水青山就是金山银山的理念

在实践中，我们对绿水青山和金山银山之间关系的认识经过了三个阶段。第一个阶段是用绿水青山去换金山银山，不考虑或者很少考虑环境的承载能力，一味索取资源。第二个阶段是既要金山银山，也要保住绿水青山，这时候经济发展与资源匮乏、环境恶化之间的矛盾开始凸显出来，人们认识到环境是生存发展的根本，要留得青山在，才能有柴烧。第三个阶段是认识到绿水青山可以源源不断地带来金山银山，绿水青山本身就是金山银山，我们种的常青树就是摇钱

第九章　不断把为人民造福事业推向前进

树,把生态优势转变为经济优势,形成了一种浑然一体、和谐统一的关系,这一阶段是一种更高的境界。这三个阶段,是经济增长方式转变的过程,是发展观念不断进步的过程,也是人与自然关系不断调整、趋向和谐的过程。

2005年,时任浙江省委书记的习近平同志首次提出"绿水青山就是金山银山"的科学论断。"我们既要绿水青山,也要金山银山。宁要绿水青山,不要金山银山,而且绿水青山就是金山银山。"[①] 树立了保护环境就是保护生产力的新经济发展观。把生态环境保护摆在更加突出的位置。习近平总书记在党的二十大报告中指出:"大自然是人类赖以生存发展的基本条件。尊重自然、顺应自然、保护自然,是全面建设社会主义现代化国家的内在要求。必须牢固树立和践行绿水青山就是金山银山的理念,站在人与自然和谐共生的高度谋划发展。"[②]

我们决不能以牺牲环境、浪费资源为代价换取经济增长。让绿水青山充分发挥经济社会效益,关键是

[①] 中共中央宣传部编:《习近平总书记系列重要讲话读本》,人民出版社2016年版,第276页。
[②] 习近平:《高举中国特色社会主义伟大旗帜　为全面建设社会主义现代化国家而团结奋斗——在中国共产党第二十次全国代表大会上的报告》,人民出版社2022年版,第49—50页。

要树立正确的发展思路,因地制宜选择好发展产业。绿水青山和金山银山绝不是对立的,关键在人,关键在思路。只有充分考虑到生态环境的承受能力,才能保持两者的协调发展关系,保持经济的持续发展。要让经济发展和生态文明相辅相成、相得益彰,让良好环境成为人民生活质量的增长点,让绿水青山变为金山银山。

(二)加快形成绿色发展方式

在新发展阶段所推进的现代化,必须注重同步推进物质文明建设和生态文明建设,从而实现更高质量、更有效率、更加公平、更可持续、更为安全的发展。

深化结构调整。要加快推动产业结构、能源结构、交通运输结构等调整优化,实现生产方式绿色化。当前,我国的产业结构仍以重化工为主,能源结构以高碳的化石能源为主,运输结构以柴油货车为主,绿色低碳转型的压力仍然很大。强化产业、能源、交通等结构调整,既是"降碳减污"的核心举措,也是推进绿色转型发展的必由之路。我们要以"降碳减污协同治理"为总抓手,推动污染源头治理,统筹谋划一批推动经济、能源、产业等绿色低碳转型发展的重点任务和重大工程。

第九章　不断把为人民造福事业推向前进

实施全面节约战略。推进各类资源节约集约利用，加快构建绿色低碳循环的经济体系。节约资源是我国的基本国策，是推动高质量发展的一项重大任务。要突出抓好能源、工业、建筑、交通等重点领域资源节约，发挥科技创新支撑作用，促进生产领域节能降碳。综合运用好市场化、法治化手段，加快建立体现资源稀缺程度、生态损害成本、环境污染代价的资源价格形成机制，不断完善和逐步提高重点产业、重点产品的能耗、水耗、物耗标准，促进资源科学配置和节约高效利用。

加强技术驱动与消费转型。推进生态环境保护工作的科学化和精细化，促进绿色低碳产业加快壮大发展，需要更加充分发挥科技赋能功能。同时，要倡导绿色消费，推动形成绿色低碳的生产方式和生活方式。

（三）推进美丽中国建设

创建高颜值环境。良好生态环境是增进民生福祉的优先领域，是建设美丽中国的重要基础。习近平总书记强调，要像保护眼睛一样保护生态环境，像对待生命一样对待生态环境。新征程上，我们必须始终坚持精准治污、科学治污、依法治污，以更高标准深入打好污染防治攻坚战，实现生态环境质量高起点改善、高水平提升。持续深入打好蓝天、碧水、净土保卫战,稳步推进"无废城市"建设。

打造高标准生态。优美的自然生态事关人民群众日益增长的生态环境需要,事关筑牢美丽中国建设的生态安全屏障。习近平总书记强调,"人的命脉在田,田的命脉在水,水的命脉在山,山的命脉在土,土的命脉在林和草"①。新征程上,我们必须始终坚持系统观念,统筹山水林田湖草沙一体化保护和系统治理,深入推进生态保护和修复。实施生物多样性保护重大工程,完善生物多样性保护网络。着力提高生态系统自我修复能力,增强生态系统稳定性,促进自然生态系统质量的整体改善和生态产品供给能力的全面增强。

助推高质量发展。绿色发展是新发展理念的重要组成部分,是推进美丽中国建设的重大战略路径。习近平总书记强调,要走出一条生态环境保护和经济高质量发展双赢的道路。②新征程上,我们必须始终坚持把实现减污降碳协同增效作为促进经济社会发展全面绿色转型的总抓手,充分发挥生态环境保护的引领、优化和倒逼作用。扎实推进生态产品价值实现,深化

---

① 国家生态安全知识百问编写组编:《国家生态安全知识百问》,人民出版社2022年版,第52页。
② 习近平:《在联合国生物多样性峰会上的讲话》,《人民日报》2020年10月1日。

第九章　不断把为人民造福事业推向前进

绿色金融改革创新，培育绿色低碳发展新动能。

创造高品质生活。满足人民对良好生态环境的需要，是高品质生活的内涵之一，也是美丽中国建设的题中应有之义。习近平总书记强调，"良好生态环境是最公平的公共产品，是最普惠的民生福祉"[①]。新征程上，我们必须始终坚持生态惠民、生态利民、生态为民，着力解决人民群众感受最直接、要求最迫切的突出环境问题，建设健康宜居美丽家园。把保护城市生态环境摆在更加突出的位置，处理好城市生产生活和生态环境保护的关系。持续改善农村人居环境，打造绿色生态宜居美丽乡村。推动生态环保督察工作向纵深发展，为创造高品质生活保驾护航。

实施高效能治理。推进生态环境治理体系和治理能力现代化是美丽中国建设的基础支撑和有力保障。习近平总书记强调，要提高生态环境领域国家治理体系和治理能力现代化水平。新征程上，我们必须始终坚持深入推进生态文明体制改革，着力健全生态环境管理体制机制，严格落实生态环保责任，持续加强生态环境保护铁军建设。不断完善生态环境标准体系、生态环境保护综合执法体系，建立高质量生态环境监

[①] 习近平：《论坚持人与自然和谐共生》，中央文献出版社2022年版，第26页。

测监管网络。

五、促进世界和平与发展，推动构建人类命运共同体

推动构建人类命运共同体，是以习近平同志为核心的党中央，从统筹中华民族伟大复兴战略全局和世界百年未有之大变局的战略高度，着眼于全人类共同利益和共同福祉，提出的促进人类社会进步和世界和平发展的中国方案，是习近平外交思想的重要组成部分，立意高远、思想深邃、内涵丰富，展现了我们党胸怀天下、面向未来的宽阔胸襟。人类命运共同体这一全球价值观包含相互依存的共同利益观、国际权力观、可持续发展观和全球治理观。

（一）树立互利互惠的利益观，打造全球利益共同体

人类命运共同体因为全球化经济而结成一体。它首先是全球利益共同体，全球共同利益是其诉求。各个国家在国际交往中秉持自己的利益，以本国的利益为主。但是，人类命运共同体需要超越国家主义，以国际合作的视野来寻求各国利益合作的契合点和最大

第九章　不断把为人民造福事业推向前进

公约数。在这个过程中,我们需要坚持国家的合理利益,但需要放弃狭隘的国家主义,也不能无原则地牺牲国家的利益。人类命运共同体实际要打造的是"利本国"和"利他国"相统一的"利益共同体"。在国际交往中以互利为原则,在互利中实现共赢,不仅赢得了一个国家的好,也赢得了世界共同的好。

(二)树立国际权力观,打造全球政治共同体

人类命运共同体中,要变革国家与国家对立的状态,改变以国家为基础的"排外主义"和"霸权主义",国际社会需要重建一种新的权力观,使各个国家能够紧密联系起来,构成"对话不对抗、结伴不结盟"的伙伴关系。这就需要一种国际权力观。"国际权力观的价值基点是全球主义和多边主义……主张国家权力的适当让渡,汇聚成解决全球性事务的力量,在互商互谅的基础上实现全球政治觉醒。"[①] 每个国家作为独立主体,都有权利选择自己的制度、发展道路和发展模式,其他国家无权干涉。国际权力观,首先要放弃政治上的偏见,国家无论大小、贫富、强弱,都是国际社会的一员,都享有平等的国际地位并平等地参与全球

[①] 徐艳玲、陈明琨:《人类命运共同体的多重建构》,《毛泽东邓小平理论研究》2016年第7期。

治理。要充分尊重他国的社会制度、意识形态，在共同的国际政治事务中，要相互尊重、平等协商，坚决摒弃冷战思维和强权政治，共同享受人类发展的成果。

（三）树立开放包容的价值观，打造全球文明共同体

文明作为文化的积淀、历史和传统的呈现，具有本土性。每个国家和民族都有自己的文明，文明没有优劣之分，只有特色之别。人类命运共同体需要的文明不是人类的同质性文明，更不是某个国家强加给别人的"普世文明"，而是多样化的文明。要尊重世界文明多样性，以文明交流超越文明隔阂、文明互鉴超越文明冲突、文明共存超越文明优越，塑造了"和而不同"的文明共同体。在这样的共同体中，每种文明"都应该彼此和谐相处、平等相待，都应该互尊互鉴、相互学习，摒弃一切傲慢和偏见。唯有如此，各国才能共同发展、共享繁荣"①。

（四）确立天人合一的自然观，打造全球生态共同体

在天然共同体阶段，人类改造自然的能力有限，

---

① 习近平：《共倡开放包容，共促和平发展——在伦敦金融城市长晚宴上的演讲》，《人民日报》2015年10月23日。

第九章　不断把为人民造福事业推向前进

人匍匐于自然之上，敬畏自然。但近代以来，随着生产力发展，科学技术进步，人改造自然的能力越来越强。以占有为目的的个人对自然的改造，对自然肆意的掠夺式开发，以破坏大自然为代价，导致自然对人类的报复，气候变化、环境污染、生态危机直接威胁到人类的生存。在虚假的共同体中，无法破解这一灾难性难题。"人类只有一个地球"，解决人类共同面对的自然灾难，需要树立天人合一、绿色发展的理念，增强尊重自然、顺应自然、保护自然的意识，打造人与自然和谐的生命共同体，建设人与自然和谐共生的生态文明。

（五）树立责任担当意识，打造全球责任共同体

人类命运共同体强调合作，在合作中共赢、共发展。人类命运共同体，必须树立责任担当意识，既有对本国发展的内部责任，也有对世界发展的外部责任；既要对本国的公民负责、对本国的发展和利益负责，也要对世界的发展负责，尤其是对世界问题的解决、世界经济的发展、世界和平主动承担责任。责任共同体是人类命运共同体的保障。人类只有成为责任共同体，才会有利益共同体和安全共同体。

（六）树立疫情防控大局意识，构建人类卫生健康共同体

生命权与健康权是人最基本的权利，也是全人类共同的价值追求。只有在人类生命健康得到保障的前提下，人的全面发展才能实现，人类社会文明才能进步。在疫情攻坚战中，中国始终秉持人民至上、生命至上理念，坚持以人民为中心，把尊重和保障人民的生命权和健康权放在各项议程的首位，疫情防控取得了阶段性胜利，也为全球抗疫提供了经验。实践证明，只有切实维护每个人的生命价值和尊严，才能获得人民群众的广泛支持，才能得到国际社会的普遍尊重。中国正是结合自身抗疫成功经验，立足全人类共同健康安全，努力推进构建人类卫生健康共同体。

人类命运共同体归根到底是以人为本的命运共同体。人类卫生健康共同体理念继承和发展了人类命运共同体理念的人民性和人类性，体现着中国人民利益和世界人民利益；顺应了世界各国人民的共同期待，充分体现了对世界各国人民的生命健康权的尊重和维护。

第十章　紧紧依靠人民创造历史伟业

全面建设社会主义现代化国家，必须充分发挥亿万人民的创造伟力。全党要坚持全心全意为人民服务的根本宗旨，树牢群众观点，贯彻群众路线，尊重人民首创精神，坚持一切为了人民、一切依靠人民，从群众中来、到群众中去，始终保持同人民群众的血肉联系，始终接受人民批评和监督，始终同人民同呼吸、共命运、心连心，不断巩固全国各族人民大团结，加强海内外中华儿女大团结，形成同心共圆中国梦的强大合力。

——习近平总书记在中国共产党第二十次全国代表大会上的报告

中国共产党已经取得了革命、建设、改革和新时代中国特色社会主义的伟大成就，积累了丰富的历史经验。迈向中国特色社会主义新发展阶段，中国共产党的中心任务是团结带领全国各族人民全面建成社会主义现代化强国、实现第二个百年奋斗目标，以中国式现代化全面推进中华民族的伟大复兴。面对中华民族伟大复兴战略全局和世界百年未有之大变局的交织激荡，我们必须长期坚持和创造性彰显以人为本、人民至上的根本价值取向，牢记站稳人民立场、把握人民愿望、尊重人民创造、集中人民智慧，紧紧依靠人民，不负时代、不负人民，续写新时代中国特色社会主义更加绚丽的华章。

一、站稳人民立场

《共产党宣言》庄严宣告："过去的一切运动都是少数人的，或者为少数人谋利益的运动。无产阶级的运动是绝大多数人的，为绝大多数人谋利益的独立的运动。"[1] 坚持人民至上，是马克思主义唯物史观的集中体现，人民性是马克思主义最鲜明的品格。习近平总书记强调："人民是历史的创造者，是真正的英雄。"[2] 人民立场是中国共产党的根本政治立场，是马克思主义政党区别于其他政党的显著标志。中国共产党团结带领人民已经取得了举世公认的伟大成就，但

---

[1] 《马克思恩格斯选集》第一卷，人民出版社2012年版，第411页。
[2] 习近平：《在庆祝中国共产党成立100周年大会上的讲话》，人民出版社2021年版，第9页。

第十章　紧紧依靠人民创造历史伟业

走好新时代的赶考路，建成社会主义现代化强国，实现中华民族伟大复兴，仍需要紧紧依靠人民创造历史伟业，务必牢牢站稳人民立场。

站稳人民立场，坚定全心全意为人民服务的信念。广大党员干部要胸怀忧国忧民之心、爱国爱民之情，自觉把小我融入人民的大我之中。自新冠疫情发生以来，在以习近平同志为核心的党中央的领导下，坚持人民至上、生命至上，在全社会的共同努力下，特别是在全国人民的理解支持配合下，面对新冠病毒这种未知、新发的传染病，排除万难，有效处置了百余起聚集性疫情，感染率和死亡人数保持在全球最低水平，铸就了伟大的抗疫精神。近三年来，我们先后印发九版防控方案和诊疗方案，出台二十条优化措施等，有效应对了疫情形势的不确定性。我们不断调整优化防控措施，每一次优化都是非常谨慎的，强调更加科学精准，聚焦病毒特性、国际国内疫情形势和国内外防控策略变化，因时因势进行调整；每一次优化都是以人民为中心的，想人民之所想，更好地保障人民群众正常生产生活秩序，更好地保障老年人、婴幼儿等重点人群的生命健康。

站稳人民立场，始终保持同人民群众的血肉联系。毛泽东同志在《关心群众生活，注意工作方法》中指出:"要得到群众的拥护吗？要群众拿出他们的全力放到战线上去吗？那末，就得和群众在一起，就得去发动群众的积极性，就得关心群众的痛痒，就得真心实意地为群众谋利益。"① 民心所向，施政之要。民心是最大的政治，只有坚守人民立场，始终同人民想在一起、干在一起，才能体现政治方向。党的二十大报告指出："江山就是人民，人民就是江山。中国共产党领导人民打江山、守江山，守的是人民的心。"② 只有扎根人民、依靠人民、为了人民，党的事业才会拥有永不枯竭的养分和生生不息的动力。

站稳人民立场，用自觉行动诠释亲民、爱民、为民的人民情怀。著名诗人臧克家在《有的人》里写道："给人民作牛马的，人民永远记住他！……他活着为了多数人更好地活着的人，群众把他抬举得很高，很高。"爱民者，民恒爱之。焦裕禄心里装着兰考人民，唯独没有自己，群众至今感念；孔繁森两度援藏，节衣缩食收养藏族孤儿，与藏族群众结下了深厚友谊。广大党员、干部要始终同人民同呼吸、共命运、心连心，用心、用情、用力解决好群众急难愁盼问题，把

---

① 《毛泽东选集》第一卷，人民出版社1991年版，第138页。
② 习近平：《高举中国特色社会主义伟大旗帜　为全面建设社会主义现代化国家而团结奋斗——在中国共产党第二十次全国代表大会上的报告》，人民出版社2022年版，第46页。

造福人民作为最大的政绩。

二、把握人民愿望

习近平总书记在省部级主要领导干部专题研讨班开班式发表的重要讲话将人民愿望作了高度精练的概括,包括"期盼有更好的教育、更稳定的工作、更满意的收入、更可靠的社会保障、更高水平的医疗卫生服务、更舒适的居住条件、更优美的环境、更丰富的精神文化生活"[1] 等八个方面。进入新时代,我国社会主要矛盾已经转化为人民日益增长的美好生活需要和不平衡不充分的发展之间的矛盾。人民对美好生活的向往更加强烈,人民群众的需要呈现多样化多层次的特点,期盼有更好的教育、更稳定的工作、更满意的收入、更可靠的社会保障、更高水平的医疗卫生服务、更舒适的居住条件、更优美的环境、更丰富的精神文化生活。不断实现人民对美好生活的向往,就要深入了解人民群众需求,及时调整惠民利民政策,积极回应人民群众期盼,在高质量发展中为人民群众创造高品质生活。

---

[1] 《习近平谈治国理政》第二卷,外文出版社2017年版,第61页。

把握人民愿望，要求准确把握人民愿望发展的客观规律。在人民的低层次愿望得到满足后，必然会提出更高层次的愿望。人民愿望是分层次的。在这八个"更"愿望中，更稳定的工作与更满意的收入属于第一层次愿望，是构建人民更加幸福的物质基础；更可靠的社会保障、更好的教育、更高的医疗卫生服务属于第二层次愿望，要求在更好的物质基础上，为人民提供发展自身的机会，是人民幸福的重要基础；更好的居住条件、更优美的环境属于第三层次愿望，是人民在前两个层次的愿望得到满足后必然提出的更高层次愿望；更丰富的精神文化生活是第四层次愿望，是人民在国家物质产品极大丰富、文明程度极大提高后，更高层次的愿望。这四个层次的愿望在时间不是逐次呈现的，可能同时出现一个乃至多个愿望，如更好的教育愿望、更优美的环境愿望完全可能同时出现。

把握人民愿望，要求把人民群众的需求作为一切工作的出发点和落脚点。党员干部经常与群众打交道，在工作中要自觉把"人民满意"作为最高标准，坚持把为民造福作为最大政绩。要俯下身子察民情，把老百姓当作自己的家人，主动关心群众需求，把党的好政策、好精神带到群众之中，把党的正确主张变为群众的自觉行动。要耐心了解民意，准确把握群众需求，

第十章　紧紧依靠人民创造历史伟业

办老百姓最希望办的事、最急需办的事、最难办的事，一步一个脚印，把党的二十大报告中有关民生福祉的重大决策部署付诸行动、见之于成效，实现政府与群众的同频共振，与民声民意同声同气，要让群众看到变化、得到实惠。

把握人民愿望，要求把"人民至上"的理念铭记于心，把"不负人民"的行动准则用于实践。保障和改善民生是我国制定和调整经济政策的重要依据。21世纪初，中国共产党开始大力推进城乡与地区基本公共服务均等化，经过二十多年尤其是十八大以来的努力，基本公共服务均等化取得显著成效，如社会保障全覆盖、城乡居民收入大幅增加、环境保护效果较为明显，基本医疗、基本养老、基础教育、基本就业等内容得以实现，得到了广大人民群众的认可和拥护。坚持实事求是，把中国实际与时代特征相结合，为更好地服务人民打下坚实基础。目前，我国已经进入老龄化社会，加快建设高质量教育体系、健全养老服务体系是应对人口老龄化、促进经济健康发展的重要举措。改革开放以来，我国立足国情、借鉴发达国家有益经验，建成了具有中国特色的社会保障体系，基本养老保险覆盖人口超过10亿，基本医疗保险参保人数达到13.6亿，为人民群众养老就医提供了安全网，为经济高质量发展提供了重要保障。

把握人民的愿望,要求以新发展理念引领以人民为中心的发展。习近平总书记指出:"高质量发展需要高素质劳动者,只有促进共同富裕,提高城乡居民收入,提升人力资本,才能提高全要素生产率,夯实高质量发展的动力基础。"[1] 牢牢把握人民群众对美好生活的向往,始终坚持共同富裕目标不动摇,不断朝着全体人民共同富裕、社会全面进步扎实前进。立足新发展阶段、贯彻新发展理念、构建新发展格局、推动高质量发展,为经济发展、社会主义现代化建设提供有利环境和强大动力。保障和改善民生有利于营造和谐稳定的社会环境,使人们能够安心工作创业。实现幼有所育、学有所教、劳有所得、病有所医、老有所养、住有所居、弱有所扶,社会稳定就有坚实的物质基础,经济发展就有良好的外部条件。

三、 尊重人民创造

人民群众是历史的主体,是社会物质财富和精神财富的创造者,是实现社会变革的决定性力量。在马

---

[1] 《习近平谈治国理政》第四卷,外文出版社 2022 年版,第 141 页。

克思、恩格斯看来,历史活动是群众的活动,随着历史活动的深入,必将是群众队伍的扩大。习近平总书记指出:"前进道路上,全党要坚持全心全意为人民服务的根本宗旨,树牢群众观点,贯彻群众路线,尊重人民首创精神。"① 尊重人民首创精神,要充分激发在人民群众中的创造伟力,紧密联系亿万群众的创造性实践,不断从人民群众中汲取发展的创新创造活力,团结带领人民共创历史伟业。

尊重人民创造,强调人民是历史的创造者,坚持人民主体地位。回望百年党史,我们党领导人民经千辛万苦,历万险而锲而不舍,在列强侵略时顽强抗争、在山河破碎时浴血奋战、在一穷二白时奋发图强、在改革开放中与时俱进,战胜一个又一个艰难险阻,取得一个又一个辉煌胜利,靠的是始终得到人民群众的拥护和支持。勤劳勇敢的中国人民是中华民族生生不息、发展壮大的脊梁。中华民族发展史是中国人民书写的,博大精深的中华文明是中国人民创造的,中华民族精神是中国人民培育的,中华民族迎来了从站起来、富起来到强起来的伟大飞跃是中国人民奋斗出来的。

尊重人民创造,自觉拜人民为师,向能者求教,

---

① 习近平:《高举中国特色社会主义伟大旗帜 奋力谱写全面建设社会主义现代化国家崭新篇章》,《人民日报》2022年7月28日。

向智者问策。人民群众中蕴藏着无穷的创造潜力和聪明才智。习近平总书记指出："在人民面前，我们永远是小学生，必须自觉拜人民为师，向能者求教，向智者问策。"① 人民群众的意志、愿望、要求和实践，反映着社会发展趋向，体现着社会发展规律。从"枫桥经验"到小岗村大包干，从塞罕坝植树造林到"小木耳、大产业"，新生事物的产生和发展、思想认识的深化和突破、实践经验的创造和积累，来自亿万人民的实践和智慧。中国特色社会主义进入新时代，无论是打赢脱贫攻坚战、全面建成小康社会，还是开展疫情防控的人民战争，无论是围绕党的全国代表大会相关工作开展网络征求意见，还是在基层治理中加强调查研究、畅通民意渠道，我们党都坚持以人民为中心，尊重人民首创精神，在总结群众经验、汇聚群众智慧中获得新认识、作出新概括、形成新成果、推动新发展。

尊重人民创造，坚持加强党的领导和尊重人民首创精神相结合。尊重劳动、尊重知识、尊重人才、尊重创造，鼓励人民群众大胆探索、勇于创新，使人民的创造热情得到激发、创造意愿得到尊重、创造实践得到支持、创造才能得到发挥。要及时发现、概括、

---

① 《习近平谈治国理政》，外文出版社2014年版，第27页。

总结人民群众创造出来的好做法、好经验，使之上升为理论和政策并指导新的实践。当今世界正经历百年未有之大变局，实现中华民族伟大复兴正处于关键时期，改革发展稳定任务之重、矛盾风险挑战之多、治国理政考验之大都前所未有。进行伟大斗争、应对风险挑战、不断开创事业发展新局面，更加需要尊重人民首创精神，充分激发人民群众的积极性、主动性、创造性，从人民群众中汲取智慧和力量。"只要我们依靠人民，坚决地相信人民群众的创造力是无穷无尽的，因而信任人民，和人民打成一片，那就任何困难也能克服，任何敌人也不能压倒我们，而只会被我们所压倒。"[1]

四、集中人民智慧

人民群众中蕴含着丰富的智慧和无限的创造力。邓小平同志在《关于修改党的章程的报告》中阐释群众路线意义时指出："历史是人民群众创造的……一个党和它的党员，只有认真地总结群众的经验，集中群众的智慧，才能指出正确的方向，领导群众前进。"[2] 群之所为

---

[1] 《毛泽东选集》第三卷，人民出版社1991年版，第1096页。
[2] 《邓小平文选》第一卷，人民出版社1994年版，第217—219页。

事无不成，众之所举业无不胜。在全面建成社会主义现代化强国的新征程上，宏伟蓝图的实现更需要广泛集中民智，把亿万人民的智慧和力量凝聚到推动党和国家各项事业上来，紧紧依靠人民群众创造新的历史伟业。

集中人民智慧，坚持问政于民、问需于民、问计于民。加强调查研究，畅通民意渠道，把人民的智慧集中起来、运用起来。在脱贫攻坚中，习近平总书记走遍了全国14个集中特困地区，考察调研了20多个贫困村，深入贫困家庭访贫问苦，倾听贫困群众意见建议，了解脱贫需求；为做好"十四五"规划编制工作，他主持召开7场座谈会，鼓励广大人民群众和社会各界以各种方式为"十四五"规划建言献策；2022年6月，他就研究吸收网民对党的二十大相关工作意见建议作出重要指示，强调要善于通过互联网等各种渠道问需于民、问计于民，更好倾听民声、尊重民意、顺应民心。我们党始终坚持以人民为中心，在总结群众经验、汇聚群众智慧的过程中不断获得新认识、作出新概括、形成新成果、推动新发展，使作出的决策和决策的执行充分体现民心民意。

集中人民智慧，让人民评判一切工作成效。习近平总书记指出："检验我们一切工作的成效，最终都要看人民是否真正得到了实惠，人民生活是否真正得到了改善，人民权益是否真正得到了保障。"① 我们党是代表最广大人民根本利益的马克思主义政党，一切工作的成败得失必然要由人民群众来检验。习近平总书记一再强调："我们党的执政水平和执政成效都不是由自己说了算，必须而且只能由人民来评判；人民是我们党的工作的最高裁决者和最终评判者。"② 考察农村脱贫致富情况时，他指出，"群众拥护不拥护是我们检验工作的重要标准。党中央制定的政策好不好，要看乡亲们是哭还是笑"③；对打好污染防治攻坚战，他强调，"不能一边宣布全面建成小康社会，一边生态环境质量仍然很差，这样人民不会认可，也经不起历史检验"④。我们党正是通过增加群众的话语权、评判权，优化完善群众评价方式，坚持群众拥护什么就鼓励什么，群众期盼什么就做好什么，群众反对什么就纠正什么，使各项工作经得起实践、人民和历史的检验。

集中人民智慧，自觉接受人民批评和监督。习近平总书记指出："人民的眼睛是雪亮的，人民是无所不

---

① 《习近平谈治国理政》，外文出版社2014年版，第28页。
② 《习近平谈治国理政》，外文出版社2014年版，第28页。
③ 《习近平考察贵州：政策好不好　要看乡亲们是哭还是笑》，2015年6月17日，http://www.xinhuanet.com/politics/2015-06/17/c_1115638309.htm。
④ 习近平：《推动我国生态文明建设迈上新台阶》，《求是》2019年第3期。

在的监督力量。"① 人民群众对党的路线方针政策的落实情况感受最深切，也最有发言权，反映的问题往往最真实、最可靠、最准确。习近平总书记多次强调，"任何人行使权力都必须为人民服务、对人民负责并自觉接受人民监督"②；党员干部要"在倾听人民呼声、虚心接受人民监督中自觉进行自我反省、自我批评、自我教育"③；"要更好发挥人大监督在党和国家监督体系中的重要作用，让人民监督权力，让权力在阳光下运行，用制度的笼子管住权力，用法治的缰绳驾驭权力"④。我们党不断完善党和国家监督体系，完善各类公开办事制度，畅通人民群众建言献策和批评监督渠道，完善人民群众监督保障、落实制度机制，充分发挥群众监督、舆论监督作用，更好保障人民知情权、参与权、表达权、监督权。

五、不负时代、不负人民

2020年5月11日，习近平总书记走进山西大同坊

---

① 习近平：《在庆祝全国人民代表大会成立60周年大会上的讲话》，《人民日报》2014年9月6日。
② 《习近平谈治国理政》，外文出版社2014年版，第388页。
③ 《习近平谈治国理政》第三卷，外文出版社2020年版，第72页。
④ 《习近平谈治国理政》第四卷，外文出版社2022年版，第254页。

第十章　紧紧依靠人民创造历史伟业

城新村村民白高山家。在村民说"希望日子越过越好"时，习近平总书记这样回答："一定会越过越好！更好日子还在后头呢！"① 时代呼唤着我们，人民期待着我们。新征程上，不负时代，就要依靠顽强斗争打开事业发展新天地；不负人民，就要不断实现人民对美好生活的向往。在新的赶考之路上，我们要书写不负时代、不负人民的优异答卷，在推进中华民族伟大复兴中让人民的日子一天更比一天好。

2022年10月16日，党的二十大隆重开幕时，习近平总书记说："唯有矢志不渝、笃行不怠，方能不负时代、不负人民。"② 不负时代、不负人民，正是因为操心着群众的操心事、揪心着群众的揪心事，正是因为"把人民放在心中最高位置"③。饮瓢水，品百姓甘苦；摸炕被，感乡亲冷暖；掀锅盖，知人民饥饱。"粮食够不够吃""看病有没有保障"这些困扰群众的"小事"，摆在习近平总书记的案头、记在习近平总书记的心中，也一项项列入中央重要会议议程，一次次成为政策发力点。

---

　　① 国家发展和改革委员会：《人类减贫史上伟大壮举——"十三五"千万贫困人口易地扶贫搬迁纪实》，人民出版社2021年版，第84页。
　　② 习近平：《高举中国特色社会主义伟大旗帜　为全面建设社会主义现代化国家而团结奋斗——在中国共产党第二十次全国代表大会上的报告》，人民出版社2022年版，第70页。
　　③ 《习近平谈治国理政》第三卷，外文出版社2020年版，第133—144页。

我们务必不忘初心，牢记使命。我们每个人都是社会主义建设中的一员，要学习好贯彻好习近平总书记的重要讲话精神，牢记初心使命，坚定远大理想信念，立大志、明大德、成大才、担大任，始终把人民立场作为根本政治立场，把人民利益摆在至高无上的地位，不断把为人民造福事业推向前进，以实际行动在各自的岗位上为国家的美好发展前景贡献力量。2022年10月，习近平总书记在陕西延安和河南安阳考察时强调，社会主义是拼出来、干出来、拿命换来的，不仅过去如此，新时代也如此。没有老一辈人拼命地干，没有他们付出的鲜血乃至生命，就没有今天幸福的生活，我们要永远铭记他们。今天，物质生活大为改善，但愚公移山、艰苦奋斗的精神不能变。中国共产党是人民的党，是为人民服务的党，共产党当家就是要为老百姓办事，把老百姓的事情办好。牢记"国之大者"，增强"四个意识"、坚定"四个自信"、做到"两个维护"，奋力把党的二十大擘画的宏伟蓝图变为现实，为全面建设社会主义现代化国家、实现第二个百年奋斗目标作出贡献。

我们务必坚定爱国之心，把听党话、跟党走的信念变成自觉追求。青年的理想信念关乎国家未来。2014年在北京大学考察时，习近平总书记以"人生的扣子从一开始就要扣好"勉励青年树立社会主义核心价值观；2019年在纪念五四运动100周年大会上，他要求"新时代中国青年要树立对马克思主义的信仰、对中国特色社会主义的信念、对中华民族伟大复兴中国梦的信心"；2021年在党史学习教育动员大会上，他强调"要抓好青少年学习教育，着力讲好党的故事、革命的故事、英雄的故事，厚植爱党、爱国、爱社会主义的情感，让红色基因、革命薪火代代传承"。习近平总书记在中国人民大学考察调研时强调："广大青年要做社会主义核心价值观的坚定信仰者、积极传播者、模范践行者，向英雄学习、向前辈学习、向榜样学习，争做堪当民族复兴重任的时代新人，在实现中华民族伟大复兴的时代洪流中踔厉奋发、勇毅前进。"立足新时代新征程，中国青年的奋斗目标和前行方向归结到一点，就是坚定不移听党话、跟党走，努力成长为堪当民族复兴重任的时代新人。广大青年要用脚步丈量祖国大地，用眼睛发现中国精神，用耳朵倾听人民呼声，用内心感应时代脉搏，把对祖国血浓于水、与人民同呼吸共命运的情感贯穿学业全过程、融汇在事业追求中。

我们务必谦虚谨慎，艰苦奋斗，敢于斗争，善于斗争。习近平总书记在党的二十大报告中指出："当代中国青年生逢其时,施展才干的舞台无比广阔,实现梦想的前景无比光明。"① 青年强,则国家强。新时代的青年有责任、有义务建功时代发展,以青年之名、尽青年之力、谋建设之功,立志成为有理想、敢担当、能吃苦、肯奋斗的新时代好青年。习近平总书记指出,我们广大党员干部要有志气、骨气、底气。要有志气,热爱祖国、忠于人民,将人生理想融入国家和民族的事业,将理想落实在工作中,落实在岗位上,就是要对每一份任务负责、在每一份任务中成长,在做好本职工作的基础上不断突破自己,这就是志气。要有骨气,不卑不亢,担当历史责任。在实现中华民族伟大复兴的征途中,中国人民从不缺少"富贵不能淫,贫贱不能移,威武不能屈"的精神,"为有牺牲多壮志,敢教日月换新天"的气概,"筚路蓝缕,以启山林"的魄力。站在新时代的起点,广大党员干部更应当明辨是非,恪守正道,厚植爱国情怀,在大是大非面前保持坚定的政治立场,在艰难险阻面前练就处变不惊的本领。要有底气,笃实做事,练就过硬本领。底气源于党的领导,源于国家富强,源于中华民族深厚的

---

① 习近平:《高举中国特色社会主义伟大旗帜 为全面建设社会主义现代化国家而团结奋斗——在中国共产党第二十次全国代表大会上的报告》,人民出版社2022年版,第71页。

第十章　紧紧依靠人民创造历史伟业

文化底蕴。打铁还需自身硬，我们应当锻造自我，磨砺自我，脚踏实地，埋头苦干，为强国复兴贡献新时代青年力量。

党的百余年历史中，贯穿着中华儿女对民族复兴的不懈追求。人民选择了中国共产党，是因为她从诞生之日起就代表了最广大人民的根本利益，致力于为中国人民谋幸福、为中华民族谋复兴。无论经受了什么样的困难和曲折，这样的初心使命始终不变。

恩格斯说："只要进一步发挥我们的唯物主义论点，并且把它应用于现时代，一个强大的、一切时代中最强大的革命远景就会立即展现在我们面前。"[1] 历史的车轮滚滚向前，一代人有一代人的使命，一代人有一代人的担当。当年革命先烈的憧憬，今天已化为灿烂的现实；面对新时代和新发展阶段的美好前景，历史同样记录着我们每一步的前进。今天，我们比历史上任何时期都更接近中华民族伟大复兴的目标，但是，中华民族伟大复兴绝不是轻轻松松、敲锣打鼓就能实现的，需要一代又一代人的接续奋斗。我们要用自己的行动，为祖国更加辉煌的明天贡献自己一份力量，无愧伟大时代，不负人民重托。不忘初心，砥砺

---

[1] 《马克思恩格斯选集》第二卷，人民出版社 2012 年版，第 9 页。

前行。正如李大钊所说:"历史的道路,不全是坦平的,有时走到艰难险阻的境界。这是全靠雄健的精神才能够冲过去的。"① 作为生于华夏、生于盛世,生在红旗下、长在春风里的有志青年,我们要争做堪当民族复兴重任的时代新人,在实现社会主义现代化建设强国中勇毅前行!"中国人民的前进动力更加强大、奋斗精神更加昂扬、必胜信念更加坚定,焕发出更为强烈的历史自觉和主动精神,中国共产党和中国人民正信心百倍推进中华民族从站起来、富起来到强起来的伟大飞跃。"②

---

① 《李大钊选集》,人民出版社1962年版,第497页。
② 习近平:《高举中国特色社会主义伟大旗帜 为全面建设社会主义现代化国家而团结奋斗——在中国共产党第二十次全国代表大会上的报告》,人民出版社2022年版,第15页。

后 记

党的二十大是在全党全国各族人民迈上全面建设社会主义现代化国家新征程、向第二个百年奋斗目标进军的关键时刻召开的一次十分重要的大会。"坚持人民至上"是党的二十大报告高度凝练、科学概括的"六个坚持"之首，是中国共产党百年奋斗历史经验的科学总结，也是不断谱写新时代中国特色社会主义新篇章的根本遵循。迈向新时代新征程，以习近平同志为核心的党中央必将始终坚持以人民为中心的发展思想，始终与人民风雨同舟、与人民心心相印，不断把人民对美好生活的向往变为现实，紧紧依靠人民创造新的历史伟业。

坚持不懈用习近平新时代中国特色社会主义思想凝心铸魂。深入学习、宣传、贯彻、落实党的二十大精神，是当前和今后一个时期全党首要的政治任务。本书是按照党的二十大精神编写的。在本书的写作过程中，我负责研究思路、基本框架和主要内容的整体设计以及核心章节的撰写、修订工作，并承担了全书的组织、审稿和定稿任务，卫辰昕、高瑜、张烨、萧睿尔、王姿懿、张婷婷等人参与了本书初稿的撰写和修改工作。

本书在写作过程中参考和借鉴了学界同行的成果和观点。同时，本书的写作和出版得到了中央党校哲学部、商务印书馆等有关单位的大力支持，在此致以衷心的感谢。

由于作者水平和写作时间所限，本书难免存在疏漏和不足之处，敬请学界同仁和广大读者批评指正！

刘儒

2023 年 1 月

图书在版编目(CIP)数据

人民至上 / 刘儒著. — 北京：商务印书馆，2023
（道理学理哲理·党的创新理论研究阐释丛书 / 董振华主编）
ISBN 978-7-100-22284-6

Ⅰ.①人… Ⅱ.①刘… Ⅲ.①中国共产党—群众路线—研究 Ⅳ.①D252

中国国家版本馆CIP数据核字（2023）第062110号

权利保留，侵权必究。

道理学理哲理·党的创新理论研究阐释丛书
人民至上
刘儒 著

商 务 印 书 馆 出 版
（北京王府井大街36号 邮政编码 100710）
商 务 印 书 馆 发 行
北 京 通 州 皇 家 印 刷 厂 印 刷
ISBN 978-7-100-22284-6

2023年4月第1版　　开本 850×1168 1/32
2023年4月北京第1次印刷　印张 9¼
定价：49.00元